KB265520

생활 속의
중국어
회화

김중기 편저

신라출판사

이제 중국어는 영어, 일본어 다음으로 현대인에게 있어서 꼭 필요한 언어가 되었습니다. 그러나 개인적인 사정으로 중국어를 배우다 중도에 포기하였거나 오랫동안 손을 놓고 있던 중국어를 다시 시작하고 싶은데 어떻게 어디서부터 시작해야 할지 몰라 망설이는 분들이 많습니다. 그래서 필자는 중국어 회화를 다시 시작하려는 분들과 당장 급하게 필요한 분들을 위해 이 책을 쓰게 되었습니다.

중국어 회화를 공부하려면 우선 그 방향을 설정하는 것이 우선되어야 합니다. 예를 들면 회화에는 일상회화, 비즈니스회화, 여행회화 등 여러 분야가 있습니다. 물론 각 분야를 골고루 잘해야겠지만 일상생활에서 필요한 회화가 우선되어야 다른 분야의 회화로 자연스럽게 이어진다는 것을 알아야 합니다. 따라서 이 책은 일상생활에서 일어나는 여러 가지 장면을 주제별로 다루었으며, 가능한 짧고 아주 쉬운 회화 표현만을 엄선하여 다음과 같은 특징으로 엮었습니다.

- 이 책은 중국인과 대화를 할 때 다양한 상황에 대처할 수 있도록 일상생활에서 부딪치는 기본적이고 꼭 필요한 장면들을 모았습니다.

- 장면별로 구성하여 언제 어디서든 필요한 회화표현을 쉽게 찾아보면서 활용할 수 있도록 사전식으로 꾸몄습니다.

- 간단한 중국어 회화만을 수록하여 쉽게 접근할 수 있도록 했으며, 지금 당장 일상생활에서 풍부하게 활용할 수 있습니다.

- 중국어를 잘 모르더라도 한글만 알면 저절로 회화가 가능해지도록 중국어 문장 아래 병음과 함께 원음에 충실하여 그 발음을 한글로 표기했습니다.

끝으로, 이 책은 폭넓은 장면을 다루었기 때문에 각 주제별로 심도있게 다루지는 못했습니다. 이 책으로 공부한 후에 어느 정도 중국어 회화에 자신감이 생기면 집중적으로 각 분야의 중국어 회화 교재를 선택하여 공부할 것을 부탁드리며, 외국어 학습은 많은 반복연습만이 지름길이므로 몇 번이고 반복하고 입에서 저절로 나올 때까지 숙지하시기 바랍니다.

엮은이 씀

PART 1

중국어 회화를 위한 기초 지식

인사의 표현
중국어 발음
중국어 기초문법
중국어 기본문형
주요 간체자
회화를 위한 기본단어

중국어 발음

■ 중국어의 표준어

중국은 통일된 다민족 국가로 한족(汉族)이 전 인구의 90 퍼센트를 차지하고 있습니다. 보통 중국어라고 하면 한족이 사용하는 언어 '汉语(hànyǔ)'를 말합니다. 중국어에는 상해어(上海语), 광동어(广东语) 등 방언이 많이 있지만, 이 책에서는 북경어(北京语)의 발음을 표준으로 한 전국에서 공통하는 공통어 '普通话(pǔtōnghuà)'를 사용하였습니다.

■ 음절의 구조

한자는 한 글자가 하나의 음절을 갖고 있습니다. 어두의 자음을 '성모(声母)'라고 하며, 성모 뒤의 모음을 포함한 부분을 '운모(韵母)'라고 합니다. 운모가 모음 하나뿐인 것도 있으며, 음절이 2개 혹은 3개의 모음으로 된(mao, miao), 모음 끝에 비음(鼻音)을 동반한 것(san, ling)도 있습니다. 음절에는 사성(四声)이라는 성조가 붙어 있습니다.

■ 사성(四声)

성조(声调)에는 4종류의 고저(高低) 변화가 있는데, 이것을 '사성(四声)'이라고 합니다. 'ma(마)' 음으로 발음해 봅시다.

제1성	제2성	제3성	제4성
→	↗	↘↗	↘
mā (妈) 어머니	má (麻) 삼	mǎ (马) 말	mà (骂) 욕하다

1. 성조의 발음

제1성 (mā) : 고음에서 시작하여 계속 같은 높이로 평탄하게 발음합니다.

제2성 (má) : 중음에서 시작하여 고음으로 상승하며 발음합니다.

제3성 (mǎ) : 중저음에서 시작하여 저음으로 내려갔다가 다시 올라가는 음으로 발음합니다.

제4성 (mà) : 고음에서 시작하여 급격히 가장 저음으로 내려가면서 발음합
니다.

2. 성조의 표기

성조는 제1성을 [-], 제2성을 [´], 제3성을 [ˇ], 제4성을 [`]로 표시하며 일반
적으로 운모 위에 표기합니다.

예 他(tā)　　　　长(cháng)　　　　我(wǒ)　　　　不(bù)

그러나 한 단어에 두개 이상의 운모가 있을 경우 주요한 운모인 'a, o, e' 위
에 표기합니다.

예 早(zǎo)　　　　谢(xiè)　　　　坐(zuò)

만약 'a, o, e' 없이 'i, u, ü' 만으로 된 음절일 경우에는 마지막 주요 모음
뒤에 표기합니다.

예 六(liù)　　　　岁(suì)

'i'와 'u'가 이어진 때는 'u' 뒤의 음에 표기하고 'i'가 단독일 때는 위의 점을
떼어내고 표기합니다.

예 酒(jiǔ)　　　　嘴(zuǐ)

3. 성조변화

연속적으로 발음하는 과정에서 어떤 음절의 성조(声调)는 주변음절의 영향을
받아 변화하며 이러한 현상을 변조(变调)라고 합니다.

(1) 제3성이 중첩될 경우 앞의 음절의 제3성은 제2성으로 발음하게 됩니다.
그러나 성조 표기는 제3성 그대로입니다.

　　예 手表(shǒu biǎo) 손목시계

(2) 중첩형식으로 구성된 단어의 제2음절 또는 '~들'이라고 하는 '们(men)'
이 붙으면 원래 성조를 무시하고 짧고 가볍게 발음하는데, 이것을 '경성
(轻声)'이라고 합니다.

예 爸爸(bà ba) 아버지　　我们(wǒ men) 우리들

(3) '一'와 '不'의 성조변화

　　'一'는 원래 제1성이지만 제1, 제2, 제3성 앞에서는 제4성으로 발음하고
제4성 앞에서는 제2성으로 발음합니다.
　　'不'는 원래 제4성이지만, 제4성의 음절 앞에서는 제2성으로 발음합니다.

■ 성모(声母)와 운모(韵母)

성모와 운모는 중국어의 발음 기호입니다. 우리말의 자음, 모음과 대체적으로
같으며, 어두의 자음을 성모라고 하고 성모 뒤의 모음을 운모라고 합니다.

■ 성모 (声母)

중국어 성모에서 중요한 것은 무기음(无气音)과 유기음(有气音)의 구별입니
다. 구강에 모아둔 입김을 강하게 내뿜으며 발음하는 것을 유기음이라 하고
입김을 약하게 내뿜으며 발음하는 것을 무기음이라 합니다.

유기음(无气音)	p t k q ch c
무기음(有气音)	b d g j zh z

성모표

순음(唇音)	b[버]	p[퍼]	m[머]	f[푸어]
설음(舌音)	d[더]	t[터]	n[너]	l[러]
설근음(舌根音)	g[거]	k[커]	h[허]	
설면음(舌面音)	j[지]	q[치]	x[시]	
권설음(卷舌音)	zh[즈]	ch[츠]	sh[스]	r[르]
설치음(舌齿音)	z[쯔]	c[츠]	s[쓰]	

⑴ 순음(脣音) — b p m f

두 입술 사이에서 내는 음으로서 입술을 닫은 상태에서 강한 음을 냅니다.
그런데 'f'의 발음은 우리말의 'ㅎ' 발음과 비슷하면서도 조금 다릅니다. 억양
이 강해 영어의 'f'를 발음할 때처럼 윗니로 아랫입술을 약간 깨물 듯이 발음
합니다.

⑵ 설음(舌音) — d t n l

혀끝에서 내는 음으로서 혀끝을 완전히 위 잇몸 뒤쪽에 붙였다가 떼면서 내
는 음입니다. 특히 'l'은 억양이 강해 영어의 l과 같이 혀끝을 위 잇몸 뒤쪽
에 붙이고 발음합니다.

⑶ 설근음(舌根音) — g k h

혀뿌리에서 발음하는 음으로서 특히 'h'는 목 안쪽에서부터 강한 숨을 내뿜
으며 발음합니다.

⑷ 설면음(舌面音) — j q x

혓바닥과 위쪽 턱으로 내는 음으로서 입술을 옆으로 벌리고 혀끝을 아래 잇
몸의 뒤쪽에 가볍게 붙였다가 발음하면서 뗍니다.

⑸ 권설음(倦舌音) — zh ch sh r

혀를 구부리며 내는 음으로서 구부린 혀끝을 위 잇몸 뒤쪽에 닿을락말락한
상태에서 발음하는데 혀끝이 강하게 떨립니다. 특히 'r'이 그러하며, 'r'음은
권설음이므로 우리말의 'ㄹ'과 같이 발음해서는 안 됩니다.

⑹ 치음(齒音) — z c s

혀끝에서 내는 음으로서 혀를 아랫니 치근(齒根)에 붙였다가 떼면서 발음합
니다.

	i 이	u 우	ü 위
a 아	ia 이야	ua 우와	
o 오		uo 우워	
e 어			
ê 애	ie 예		üe 웨
-i (zi, ci, si)의 i			
-i (zhi, chi, shi, ri)의 i			
er 얼			
ai 아이		uai 와이	
ei 에이		uei 웨이	
ao 아오	iao 야오		
ou 어우	iou 요우		
an 안	ian 이엔	uan 완	üan 위엔
en 언	in 인	uen 원	ün 윈
ang 앙	iang 양	uang 왕	
eng 엉	ing 잉	ueng 웡	
ong 웅	iong 융		

■ 단운모(単韵母)

운모 중 가장 기본이 되는 발음이며, 발음할 때 처음부터 끝까지 입 모양과 혀의 위치가 변하지 않는 것으로 다음과 같이 여섯 가지가 있습니다

a 입을 크게 벌리고 '아' 하고 발음합니다.

o 입 모양을 둥글게 하고 '오'와 '어'의 중간 발음을 합니다.

e 입을 반쯤 벌리고 '으-어'라고 발음합니다.

i 한글 발음의 '이'하고 발음할 때보다 좌우로 더 벌려 '이'라고 발음합니다. 단, 단독으로 음절을 구성할 때는 'yi'라고 표기합니다.

u 입술을 둥글게 오므리면서 앞으로 내밀고 '우'라고 발음합니다. 단, 단독으로 음절을 구성할 때는 'wu'라고 표기합니다.

ü '위' 발음은 발음이 끝날 때까지 입 모양을 변하게 해서는 안 됩니다. 보통 한글 발음은 '위-이'로 발음하지만, 중국에서는 '위-위'라고 끝납니다. 단, 단독으로 음성을 구성할 때는 'yu'라고 표기합니다. 또한 'j, q, x'와 결합할 때는 위의 두 점은 생략합니다.

■ 복운모(复韵母)
두 개의 단운무(单韵母)가 결합하여 이루어진 것으로, 입 모양과 혀의 위치는 발음을 시작할 때와 끝날 때가 각각 다르며, 아래 네 가지가 있습니다.

ai 'a' 쪽에 강세를 두어 'i'를 가볍게 붙여 읽습니다.

ei 'e' 쪽에 강세를 두어 'i'를 가볍게 붙여 읽습니다.

ao 'a' 쪽에 강세를 두어 'o'를 가볍게 붙여 읽습니다.

ou 'o' 쪽에 강세를 두어 'u'를 가볍게 붙여 읽습니다.

■ 부성운모(附声韵母)
단운모에 비음운미(鼻音韵尾)인 'n, ng'가 결합하여 이루어진 것으로 아래

와 같이 네 개가 있습니다. 입 모양과 혀의 위치는 시작할 때와 끝날 때가
각각 다릅니다.

> **an**　먼저 'a' 발음을 내다가 우리말의 'ㄴ' 받침을 붙여 발음하며, 이때
'ㄴ'은 비음으로 나옵니다.

> **en**　'e'를 발음하면서 우리말의 'ㄴ' 받침을 붙여 발음하며, 이때 'ㄴ'은
비음으로 나옵니다.

> **ang**　'a'를 발음하면서 우리말의 'ㅇ' 받침을 붙여 발음하며, 이때 'ㄴ'은
비음으로 나옵니다.

> **eng**　'e'를 발음하면서 우리말의 'ㅇ' 받침을 붙여 발음하며, 이때 'ㄴ'은
비음으로 나옵니다.

■ 권설운모(卷舌韻母)
성모와 결합하지 않고 항상 단독으로 쓰이는데, 때로는 단어의 끝에 붙어서
발음변화를 일으키기도 합니다.

> **er**　'e'를 발음하면서 혀끝을 말아서 'ㄹ' 받침을 붙여 발음합니다.

■ 결합운모(结合韻母)
개구음인 'a, o, e'와, 이들을 주요 운모로 하는 'i, u'가 결합하여 만들어집니다.

◇ i와 결합하는 것

> **ia**　'a'쪽에 강세를 두어 '이아→야'처럼 발음합니다.

> **ie**　우리나라 말의 '이에'와 비슷하나, '예'에 가깝게 들립니다. 단독으로

16

쓰일 때는 'e' 위에 표시를 하지만, 결합운모로 될 때는 'e'로 표기합니다. 결합운모로 되는 것은 'ie'와 'e' 두 가지가 있습니다.

iao 주모음은 'a'이므로 강하게 읽어 '야오' 같이 읽습니다.

iou 주모음은 'o'이므로 이를 강하게 읽어 '여우' 같이 읽는다. 'iou'는 앞에 성모가 오면 'o'가 없어지고, '-iu'로 표기되니 주의해야 합니다.

ian 표기대로 하면 '이안'이나 실제발음은 '옌'과 같이 발음되므로 특히 주의해야 합니다.

in 'i' 발음에 우리말의 'ㄴ' 받침을 붙이는 것과 비슷합니다.

iang 주모음 'a'에 강세를 두어 '양'처럼 발음됩니다.

ing 'i' 발음에 우리말의 'ㅇ' 받침을 붙인 것과 같습니다.

iong 'i' 발음에 '웅' 발음을 더한 것과 같으며, 우리말 '융'과 비슷하게 발음합니다.

※ 'i'가 성모와 결합하여 그 뒤에 놓이는 경우엔 그대로 'i'로 표기하지만, 성모와 결합하지 않고 그 자체로 음절을 이루게 될 경우에는 'i'를 'y'로 고쳐 표기하게 됩니다. 예 ya

◇ u와 결합하는 것

ua 'u'와 'a'의 결합으로 'a'에 강세를 두어서 읽습니다.

uo 'u'와 'o'의 결합으로 'o'에 강세를 두어서 읽습니다.

uai 주모음인 'a'에 강세를 두어 읽게 됩니다.

uei 　주모음인 ‘e’에 강세를 주어 발음합니다. 그러나 자음과 결합하면 표기는 ‘-ui’으로 바뀌고 발음은 ‘우이’가 됩니다. ［예］dui

uan 　주모음인 ‘a’에 강세를 주어 우리말의 ‘완’처럼 발음합니다.

uen 　주모음인 ‘e’에 강세를 주어 발음합니다. 그러나 자음과 결합하면 표기는 ‘-un’으로 바뀌게 되고 발음은 ‘운’처럼 읽습니다. ［예］dun

uang 　주모음인 ‘a’에 강세를 주어 읽습니다.

ueng 　주모음인 ‘e’에 강세를 주어 읽습니다. 그러나 자음과 결합하면 표기는 ‘-ong’으로 바뀌게 되고 발음은 ‘옹’처럼 읽습니다. ［예］tong

※ ‘u’가 성모와 결합하여 그 뒤에 놓이는 경우엔 그대로 ‘u’로 표기하지만, 성모와 결합하지 않고 그 자체로 음절을 이루게 될 경우에는 ‘u’를 ‘w’로 고쳐 표기하게 됩니다. ［예］wa

■ ü와 결합하는 것

üe 　‘ü’와 ‘e’의 결합으로 ‘e’ 쪽에 강세를 주어 읽습니다.

üan 　표기대로 읽으면 ‘위안’이 되지만, 실제로는 발음이 변하여 ‘위엔’처럼 발음되므로 주의해야 합니다.

ün 　‘ü’ 발음에 우리말의 ‘ㄴ’을 붙인 것과 같습니다.

※ ‘ü’는 성모 ‘j, q, x’와 결합할 때 ‘u’로 표기되고 ‘n, l’ 뒤에 놓이는 경우에는 ‘ü’로 표기한다. 성모와 결합하지 않고 그 자체로 음절을 이루게 될 경우에는 의 두 점을 생략하고 동시에 그 앞에 ‘y’를 첨가하여 ‘yu’로 고쳐 표기합니다.
［예］xue, lüe, yue.

중국어 기초문법

1. 문장 성분

(1) 主语(주어)와 **谓语**(술어)

중국어도 한국어와 마찬가지로 문장에서 주어와 술어의 위치는 같고 문법적 의미도 같습니다.

> **你好!** 안녕하세요!
>
> **我去书店。** 나는 서점에 갑니다.

*회화에서는 주어와 술어가 생략될 수 있습니다.

> **你好吗?** 안녕하세요?
>
> → **(我)很好。** (저는) 네. '我' 주어가 생략
>
> **谁是学生?** 누가 학생이죠?
>
> → **他。** 그 입니다. '是学生' 술어가 생략

(2) 宾语 (목적어)

목적어는 주로 동사 뒤에서 동작이나 행위를 구체적이고 명확하게 해 줍니다.

> **我有朋友。** 저는 친구가 있습니다.
>
> **他是大学生。** 그는 대학생이다.

(3) 定语 (한정어)

한정어는 주로 명사를 수식합니다. 한정어와 중심어 사이에는 조사 '的'를 붙입니다.

他是老师。 그는 선생님이다.

我的书。 나의 책이다.

*명사가 중심어로 될 때는 '的'를 생략할 수 있습니다.

我(的)哥哥。 저의 형님입니다.(친족 관계)

他(的)家。 그의 집이다.

(4) 状语(부사어)

부사어는 일반적으로 동사와 형용사를 수식하며 수식어 앞에 놓입니다.

老师很忙。 선생님은 매우 바쁘시다.

他们都走了。 그들은 모두 갔다.

2. 의문문

(1) 吗(ma)의 의문문

您是老师吗? 당신은 선생님입니까?

(2) 긍정, 부정 의문문

긍정과 부정을 같이 나열하여 선택하게 하는 방식입니다.

你的书，是不是? 당신 책입니까?

你的书，对不对? 당신 책이 맞나요?

这一本书，是不是你的? 이 책은 당신 것입니까?

(3) 의문대명사를 사용하는 의문문

의문대명사 '谁(shéi) 누구, 什么(shén me) 무엇, 怎么样(zěn me yàng) 어떠한, 几(jī) 몇 등을 이용합니다.

谁是你的妈妈? 누가 당신의 어머니입니까?

今天星期几？ 오늘은 무슨 요일입니까?

(4) **还是**(hái shì)의 선택의문문

의문문을 제기한 사람이 두 개의 답이 나올 것이라는 예측을 했을 때를 이
용하여 선택의문문을 만듭니다.

你去还是不去？ 당신은 갈 겁니까, 안 갈 겁니까?

(5) **呢**(ne)를 이용한 의문문

我很好，你呢？ 나는 매우 좋아요, 당신은요?

(6) **好吗**(hǎo ma)의 의문문

我们去商店，好吗？ 우리 상점에 가는 것이 좋습니까?

3. 어기조사 了(le)와 동태조사 了(le)

어기조사는 문장 끝에서 어떤 사건이나 정황이 이미 발생한 것을 강조합니다.
그러나 동태조사는 동사의 끝에서 동작이 이미 완성되었거나 반드시 완성되는
것을 강조합니다.

(1) 사건의 발생 - 어기조사 了(le)

昨天你去哪儿了？ 당신은 어제 어디 갔었습니까?

我去学校了。 학교에 갔었습니다.

(2) 동태조사 - 동작의 완성

你买了什么东西？ 당신은 어떤 물건을 샀습니까?

我买了一件衣服。 저는 옷 한 벌을 샀습니다.

4. 比(bǐ)를 이용한 비교문

개사는 2개 사물의 성질, 특징을 비교할 수 있는데, 이것을 이용한 문장에서는
와 같은 정도부사를 넣을 수 있습니다.

他比我高。 그는 나보다 크다.

→ **他比我高得多。** 그는 나보다 매우 크다.

这个比那个好。 이것은 그것보다 좋다.

→ **这个比那个好得多。** 이것은 그것보다 매우 좋다.

5. 동작의 진행형

(1) 正在(zhèng zài)

我正在看电视呢。 지금 나는 텔레비전을 보고 있다.

(2) 正(zhèng)

你来的正好。 당신은 마침 잘 왔습니다.

(3) 在(zài)

他在看书呢。 그는 (지금)책을 보고 있다.

6. 会(huì)와 能(néng)의 비교

(1) 会(huì)는 일종의 능력을 표시한다.

他会说汉语。 그는 중국어를 할 줄 안다.

2) 能(néng)은 자연적인 능력을 표시한다

　　　他能学。　그는 배울 수 있다.

7. 在(zài)와 有(yǒu)의 비교

(1) 在(zài)는 문장의 주체가 어떤 장소에 존재함을 나타낸다.
　　　사람(사물) + 在 + 장소

　　　他在家里。 그는 집에 있다.
　　　书在桌子上。　책이 책상 위에 있다.

(2) 有(yǒu)는 어떤 장소에 사람이나 사물이 위치하고 있음을 의미한다.
　　　장소 + 有 + 사람(사물)

　　　家里有人 。 집에 사람이 있다.
　　　桌子上有书 。 책상 위에 책이 있다.

중국어 기본문형

중국어는 영어의 'talk, talks, talked'처럼 형태 변화가 없으며, 우리말의 '은 (는), 을(를), 이(가), 에(는)' 등에 해당하는 조사가 없습니다. 어순(语顺)으로 의미를 나타냅니다. 어순이 틀리면 의미가 달라지거나 없어지거나 합니다.
예를 들면, '猫吃(고양이가 먹다)'를 '吃猫'라고 하면 '고양이를 먹다'라는 뜻이 되어 버립니다. 우리말을 그대로 한자로 나열하여 필담(笔谈)을 하거나 말을 하면 뜻밖의 오해를 사는 경우가 있습니다.
다음은 가장 많이 쓰이는 문형을 열거하였으므로 반드시 암기하시기 바랍니다.

(1) 주어 + 술어(동사)

他喝。 (그는 마신다.)

(2) 주어 + 술어(형용사)

中国菜好吃。 (중국요리는 맛있다.)

(3) 주어 + 술어(동사) + 목적어

他喝咖啡。 (그는 커피를 마신다)

他是韩国人。 (그는 한국인이다.)

(4) 주어 + 술어(조동사 + 동사) + 목적어

他爱喝咖啡。 (그는 커피를 마시는 것을 좋아한다.)

(5) 주어 + 술어(동사) + 간접목적어 + 직접목적어

我给他钱。 (나는 그녀에게 돈을 주었다.)

(6) (주어) + 술어(동사)

(你)看！(봐!)

(7) (주어) + 술어(동사) + 보어

(你)看一下。(좀 봐요.)

(8) 개사구조(介词构造) + 술어(동사)

给我看。(나에게 보여 주세요.)

(9) 개사구조(介词构造) + 술어(동사) + 보어

给我看一下。(나에게 좀 보여 주세요.)

* (6)~(9)는 명령문으로 앞에 '请'을 붙이면 정중한 표현이 됩니다. (6)과 (8) 앞에 '别' 또는 '请别'를 붙이면 금지의 표현이 됩니다.
* (1)~(5)의 문장을 의문문으로 할 때는 다음 몇 가지 방법이 있습니다.

a) 보통문 + 吗?

中国菜好吃吗？(중국요리는 맛있습니까?)

b) 술어를 긍정과 부정의 형태로 열거한다.

中国菜好吃不好吃？(중국요리는 맛있습니까?)

c) 의문문을 사용한다.

什么菜好吃？(어느 요리가 맛있습니까?)

주요 간체자

*왼쪽이 정자 오른쪽이 간체자

簡 ⇒ 个	動 ⇒ 动	習 ⇒ 习	戰 ⇒ 战
開 ⇒ 开	頭 ⇒ 头	實 ⇒ 实	錢 ⇒ 钱
關 ⇒ 关	樂 ⇒ 乐	兒 ⇒ 儿	際 ⇒ 际
觀 ⇒ 观	蘭 ⇒ 兰	亞 ⇒ 亚	從 ⇒ 从
乾 ⇒ 乾	淚 ⇒ 泪	藥 ⇒ 药	遲 ⇒ 迟
塊 ⇒ 块	歷 ⇒ 历	業 ⇒ 业	進 ⇒ 进
橋 ⇒ 桥	陸 ⇒ 陆	葉 ⇒ 叶	車 ⇒ 车
階 ⇒ 阶	龍 ⇒ 龙	藝 ⇒ 艺	廳 ⇒ 厅
鷄 ⇒ 鸡	隣 ⇒ 邻	烟 ⇒ 烟	總 ⇒ 总
貴 ⇒ 贵	買 ⇒ 买	郵 ⇒ 邮	親 ⇒ 亲
軍 ⇒ 军	減 ⇒ 灭	衛 ⇒ 卫	沈 ⇒ 沈
劇 ⇒ 剧	無 ⇒ 无	遠 ⇒ 远	湯 ⇒ 汤
幾 ⇒ 几	門 ⇒ 门	園 ⇒ 园	筆 ⇒ 笔
機 ⇒ 机	發 ⇒ 发	雜 ⇒ 杂	蝦 ⇒ 虾
喫 ⇒ 吃	飛 ⇒ 飞	長 ⇒ 长	漢 ⇒ 汉
農 ⇒ 农	賓 ⇒ 宾	將 ⇒ 将	護 ⇒ 护
壇 ⇒ 坛	氷 ⇒ 冰	醬 ⇒ 酱	華 ⇒ 华
達 ⇒ 达	書 ⇒ 书	災 ⇒ 灾	歡 ⇒ 欢
圖 ⇒ 图	歲 ⇒ 岁	電 ⇒ 电	換 ⇒ 换
東 ⇒ 东	術 ⇒ 术	專 ⇒ 专	還 ⇒ 还

회화를 위한 기본단어

● 사물 · 장소 · 방향

이것 / 그것	这个(zhège) [쩌거]
저것	那个(nàge) [나거]
어느 것	哪个(nǎge) [나거]
여기 / 거기	这里(zhèlǐ) [쩌리]
저기	那里(nàli) [나리]
어디	哪里(nǎlǐ) [나리]
이쪽 / 그쪽	这边(zhèbiān) [쩌비엔]
저쪽	那边(nàbiān) [나비엔]
어느 쪽	哪边(nǎbiān) [나비엔]

● 인칭대명사

저, 나	我(wǒ) [워]
우리들	我们(wǒmen) [워먼]
당신	你(nǐ) [니]　您(nín) [닌]
당신들	你们(nǐmen) [니먼]
씨,	先生(xiānsheng) [시엔셩]
양	小姐(xiǎojiě) [샤오지어]
그, 그이	他(tā) [타]
그녀	她(tā) [타]

● 의문사

언제	什么时候(shénmeshíhòu) [션머스허우]
어디	什么地方(shénmedìfāng) [션머띠팡]
어느 분	什么人(shénmerén) [션머런]
누구	谁(shéi) [쉐이]
무엇	什么(shénme) [션머]
왜	为什么(wèishénme) [웨이션머]
어떻게	怎么(zěnme)[쩐머]　怎么样(zěnmeyàng)[쩐머양]

위	上(shàng) [상]
가운데	中(zhōng) [종]
아래	下(xià) [샤]
왼쪽	左边(zuǒbiān) [쭤비엔]
오른쪽	右边(yòubiān) [여우비엔]
동쪽	东边(dōngbiān) [뚱비엔]
서쪽	西边(儿)(xībiān(r)) [시비엔ㄹ]
남쪽	南边(nánbiān) [난비엔]
북쪽	北边(běibiān) [베이비엔]
앞	前边(qiánbiān) [치엔비엔]
뒤	后边(hòubiān) [허우비엔]
옆 · 가로	旁边(pángbiān) [팡비엔]
~부터 ~까지	从(cóng)~[총~] 到(dào)~[따오~]

시간	时间(shíjiān) [스지엔]
때, 시	时候(shíhòu) [스허우]
시각	时刻(shíkè) [스커]
현재	现在(xiànzài) [씨엔짜이]
과거	过去(guòqù) [꿔취]
미래	未来(wèilái) [웨이라이]
이전	以前(yǐqián) [이치엔]
이후	以后(yǐhòu) [이허우]
그후, 이후	后来(hòulái) [허우라이]
최근	最近(zuìjìn) [쭈이진]
최초	最初(zuìchū) [쭈이추]
최후	最后(zuìhòu) [쭈이허우]
세기	世纪(shìjì) [스지]
년, 해	年(nián) [니엔]
재작년	前年(qiánnián) [치엔니엔]
작년	去年(qùnián) [취니엔]
올해, 금년	今年(jīnnián) [찐니엔]
내년	明年(míngnián) [밍니엔]

28

내후년	后年(hòunián) [허으니엔]
매년	每年(měinián) [메이니엔]
신년, 새해	新年(xīnnián) [신니엔]
월, 달	月(yuè) [위에]
지난달	上个月(shànggeyuè) [샹거위에]
이번달	这个月(zhègeyuè) [쩌거위에]
다음달	下个月(xiàgeyuè) [샤거위에]
매달, 매월	每月(měiyuè) [메이위에]
주간	星期(xīngqī) [싱치]
주말	周末(zhōumò) [조우머]
지난주	上个星期(shànggexīngqī) [샹거싱치]
이번주	这个星期(zhègexīngqī) [쩌거싱치]
다음주	下个星期(xiàgexīngqī) [쌰거싱치]
매주	每星期(měixīngqī) [메이싱치]
일	日(rì) [르]
날, 날짜	日子(rìzi) [르쯔]
그제	前天(qiántiān) [치엔티엔]
어제	昨天(zuótiān) [쭤티엔]
오늘	今天(jīntiān) [진티엔]
내일	明天(míngtiān) [밍티엔]
모레	后天(hòutiān) [허우티엔]
매일	天天(tiāntiān)[티엔티엔] 每天(měitiān)[메이티엔]
다음날	第二天(dìèrtiān) [디얼티엔]
온종일	整天(zhěngtiān) [정티엔]
반나절	半天(bàntiān) [빤티엔]
새벽	天亮(tiānliàng) [티엔리앙]
아침	早上(zǎoshàng) [자오샹]
낮	白天(báitiān) [바이티엔]
오전	上午(shàngwǔ) [샹우]
정오	中午(zhōngwǔ) [종우]
오후	下午(xiàwǔ) [샤우]
저녁	晚上(wǎnshàng) [완샹]
밤	夜(yè) [예]
한밤중	半夜(bànyè) [빤예]

1월	一月(yīyuè) [이위에]
2월	二月(èryuè) [얼위에]
3월	三月(sānyuè) [싼위에]
4월	四月(sìyuè) [쓰위에]
5월	五月(wǔyuè) [우위에]
6월	六月(liùyuè) [리우위에]
7월	七月(qīyuè) [치위에]
8월	八月(bāyuè) [빠위에]
9월	九月(jiǔyuè) [지우위에]
10월	十月(shíyuè) [스위에]
11월	十一月(shíyīyuè) [스이위에]
12월	十二月(shí'èr'yuè) [스얼위에]
일요일	星期天(xīngqītiān) [싱치티엔] 星期日(xīngqīrì) [싱치르]
월요일	星期一(xīngqīyī) [싱치이]
화요일	星期二(xīngqīèr) [싱치얼]
수요일	星期三(xīngqīsān) [싱치싼]
목요일	星期四(xīngqīsì) [싱치쓰]
금요일	星期五(xīngqīwǔ) [싱치우]
토요일	星期六(xīngqīliù) [싱치리우]

봄	春天(chūntiān) [춘티엔]
여름	夏天(xiàtiān) [시아티엔]
가을	秋天(qiūtiān) [치우티엔]
겨울	冬天(dōngtiān) [똥티엔]

남자	男的(nándė)[난더]　男人(nánrén)[난런]
여자	女的(nǔdė)[뉘더]　女人(nǔrén)[뉘런]
아기	婴儿(yīng'ér) [잉얼]
어린이	小孩子(xiǎoháizǐ) [샤오하이즈]

어른	大人(dàrén)[따런] 成人(chéngrén)[청런]
소년	少年(shǎonián) [샤오니엔]
소녀	少女(shǎonǚ) [샤오뉘]
아들	儿子(érzǐ) [얼즈]
딸	女儿(nǚér) [뉘얼]
형제	兄弟(xiōngdì) [시옹디]
형	哥哥(gēge) [꺼거]
동생	弟弟(dìdi) [띠디]
자매	姐妹(jiěmèi) [지에메이]
누나, 언니	姐姐(jiějie) [지에지에]
누이동생, 여동생	妹妹(mèimei) [메이머이]
아버지	父亲(fùqin) [푸친]
어머니	母亲(mǔqin) [무친]
부모님	父母(fùmǔ) [푸무]
남편	丈夫(zhàngfū) [장푸]
아내	妻子(qīzi) [처쯔]
할아버지	祖父(zǔfù) [주푸]
할머니	祖母(zǔmǔ) [주무]
친구	朋友(péngyǒu) [펑여우]
한국인	韩国人(hánguórén) [한구어런]
중국인	中国人(zhōngguórér) [종구어런]
일본인	日本人(rìběnrén) [르뻔런]

하얗다	白(bái) [바이]
까맣다	黑(hēi) [헤이]
빨갛다	红(hóng) [홍]
파랗다	蓝(lán) [란]
초록	绿(lǜ) [뤼]
크다	大(dà) [따]
작다	小(xiǎo) [샤오]
길다	长(cháng) [창]
굵다	短(duǎn) [뚜안]
가늘다	细(xì) [시]

두텁다	厚(hòu) [허우]
얇다	薄(báo) [바오]
무겁다	重(zhòng) [쫑]
가볍다	轻(qīng) [칭]
딱딱하다	硬(yìng) [잉]
부드럽다	软(ruǎn) [루안]
좋다	好(hǎo) [하오]
나쁘다	坏(huài) [후아이]
새롭다	新(xīn) [신]
오래되다	旧(jiù) [지우]
높다(높이)	高(gāo) [까오]
낮다	低(dī) [띠]
비싸다	贵(guì) [꾸이]
싸다	便宜(piànyí) [피엔이]
밝다	明亮(míngliàng) [밍리앙]
어둡다	阴暗(yīn'àn) [인안]
빠르다	快(kuài) [콰이]
이르다	早(zǎo) [자오]
늦다	慢(màn) [만]
쉽다	容易(róngyì) [롱이]
어렵다	难(nán) [난]
조용하다	安静(ānjìng) [안징]
시끄럽다	嘈杂(cáozá) [차오짜]
한가하다	空闲(kōngxián) [콩씨엔]
바쁘다	忙(máng) [망]
덥다	热(rè) [러]
춥다	冷(lěng) [렁]
즐겁다	愉快(yúkuài) [위콰이]
슬프다	悲伤(bēishāng) [뻬이샹]
맛있다	好吃(hǎochī) [하오츠]
맛없다	不好吃(bùhǎochī) [뿌하오츠]
달다	甜(tián) [티엔]
맵다	辣(là) [라]
짜다	咸(xián) [시엔]

0. 영	零(líng) [링]
1. 일	一(yī) [이]
2. 이	二(èr) [얼]　两(liǎng) [리양]
3. 삼	三(sān) [싼]
4. 사	四(sì) [쓰]
5. 오	五(wǔ) [우]
6. 육	六(liù) [리우]
7. 칠	七(qī) [치]
8. 팔	八(bā) [빠]
9. 구	九(jiǔ) [지우]
10. 십	十(shí) [스]
20. 이십	二十(èrshí) [얼스]
30. 삼십	三十(sānshí) [싼스]
40. 사십	四十(sìshí) [쓰스]
50. 오십	五十(wǔshí) [우스]
60. 육십	六十(liùshí) [리우스]
70. 칠십	七十(qīshí) [치스]
80. 팔십	八十(bāshí) [빠스]
90. 구십	九十(jiǔshí) [지우스]
100. 백	一百(yībǎi) [이바이]
200. 이백	二百(èrbǎi) [얼바이]
300. 삼백	三百(sānbǎi) [싼바이]
400. 사백	四百(sìbǎi) [쓰바이]
500. 오백	五百(wǔbǎi) [우바이]
600. 육백	六百(liùbǎi) [리우바이]
700. 칠백	七百(qībǎi) [치바이]
800. 팔백	八百(bābǎi) [빠바이]
900. 구백	九百(jiǔbǎi) [지우바이]
1,000. 천	一千(yīqiān) [이치엔]
1,010. 천십	一千一十(yīqiānyīshí) [이치엔이스]
10,000. 만	一万(yīwàn) [이완]
100,000. 십만	十万(shíwàn) [스완]
1,000,000. 백만	一百万(yībǎiwàn) [이바이완]

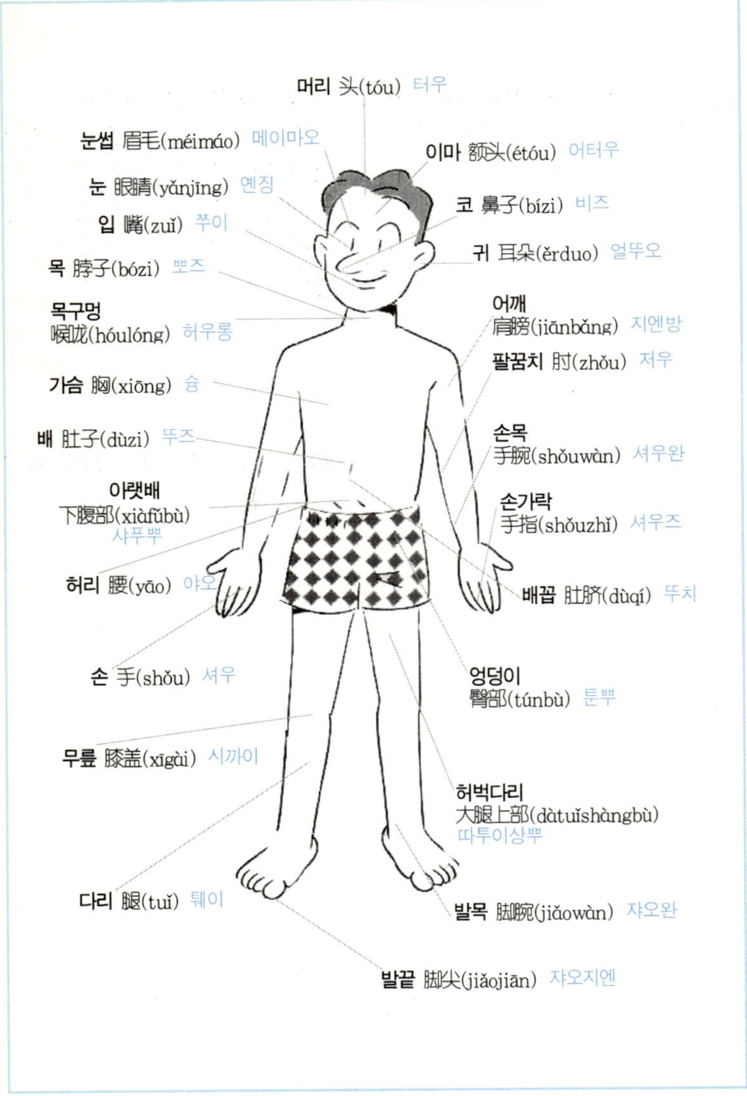
머리 头(tóu) 터우
눈썹 眉毛(méimáo) 메이마오
이마 额头(étóu) 어터우
눈 眼睛(yǎnjīng) 옌징
코 鼻子(bízi) 비즈
입 嘴(zuǐ) 쭈이
귀 耳朵(ěrduo) 얼뚜오
목 脖子(bózi) 쁘즈
어깨 肩膀(jiānbǎng) 지엔방
목구멍 喉咙(hóulóng) 허우롱
팔꿈치 肘(zhǒu) 저우
가슴 胸(xiōng) 슝
손목 手腕(shǒuwàn) 셔우완
배 肚子(dùzi) 뚜즈
손가락 手指(shǒuzhǐ) 셔우즈
아랫배 下腹部(xiàfùbù) 샤푸뿌
허리 腰(yāo) 야오
배꼽 肚脐(dùqí) 뚜치
손 手(shǒu) 셔우
엉덩이 臀部(túnbù) 툰뿌
무릎 膝盖(xīgài) 시까이
허벅다리 大腿上部(dàtuǐshàngbù) 따투이상뿌
다리 腿(tuǐ) 퉤이
발목 胫腕(jiǎowàn) 쟈오완
발끝 脚尖(jiǎojiān) 쟈오지엔

대화에 관한 기본 표현

질문의 표현

질문할 때

□ 질문 하나 있습니다.

我有一个问题。
wǒ yǒu yī gè wèn tí
워 여유 이 거 원 티

□ 사적인 질문을 하나 해도 되겠습니까?

可以问一个私人问题吗?
kě yǐ wèn yī gè sī rén wèn tí mǎ
커 이 원 이 거 쓰 런 원 티 마

□ 구체적인 질문 몇 가지를 드리겠습니다.

下面我问几个具体问题。
xià miàn wǒ wèn jǐ gè jù tǐ wèn tí
쌰 미엔 워 원 지 거 쥐 티 원 티

□ 당신에게 질문할 게 많이 있습니다.

我有许多问题问您请教。
wǒ yǒu xǔ duō wèn tí wèn nín qǐng jiào
워 여유 쉬 뚸 원 티 원 닌 칭 쟈오

□ 누구한테 물어봐야 되죠?

不知应该问哪位
bù zhī yīng gāi wèn nǎ wèi
뿌 즈 잉 가이 원 나 웨이

□ 이것은 중국어로 뭐라고 하죠?

请问这个中文怎么说?
qǐng wèn zhè gè zhōng wén zěn me shuō
칭 원 쩌 거 중 원 쩐 머 쉭

□ 이 단어를 어떻게 발음하죠?

请问这个词怎么发音?
qǐng wèn zhè gè cí zěn me fā yīn
칭 원 쩌 거 츠 쩐 머 파 인

□ 그건 무엇으로 만드셨어요?

那是用什么做的？
nà shì yòng shén me zuò de
나 스 융 션 머 쭤 더

□ 그건 무엇에 쓰는 거죠?

那是用在什么地方的？
nà shì yòng zài shén me dì fāng de
나 스 융 짜이 션 머 띠 팡 더

□ 질문을 잘 들으세요

请听好我的提问。
qǐng tīng hǎo wǒ de tí wèn
칭 팅 하오 워 더 티 원

□ 모르시겠어요?

你不知道吗？
nǐ bù zhī dào má
니 뿌 즈 따오 마

□ 답을 말해 보세요.

请说出答案。
qǐng shuō chū dá àn
칭 쉬 추 따 안

□ 내 질문에 답을 하세요.

请您回答我的问题。
qǐng nín huí dá wǒ de wèn tí
칭 닌 후이 다 워 더 원티

□ 말씀하세요. 뭔데요?

您说吧，什么问题？
nín shuō bā   shén me wèn tí
닌 쉬 바   썬 머 원 티

□ 좋은 질문입니다.

这个问题提得好。
zhè gè wèn tí tí de hǎo
쩌 거 원 티 티 더 하오

□ 더 이상 묻지 마세요.

请不要再问了。
qǐng bú yào zài wèn le
칭 부 야오 짜이 원 러

□ 답변하고 싶지 않습니다.

我不想回答。
wǒ bù xiǎng huí dá
워 뿌 샹 후이 다

□ 말하지 않겠소.

我不回答。
wǒ bù huí dá
워 뿌 후이 다

□ 제가 그 문제를 어떻게 알겠어요?

我上哪儿知道这个问题？
wǒ shàng nǎ r zhī dào zhè gè wèn tí
워 상 나얼 즈 따오 쩌 거 원 티

□ 뭐라고 대답해야 좋을지 모르겠습니다.

不知道该怎么回答。
bù zhī dào gāi zěn me huí dá
뿌 즈 따오 까이 쩐 머 후이 다

□ 저는 모르겠습니다.

这我不知道。
zhè wǒ bù zhī dào
쩌 워 뿌 즈 따오

□ 모르기는 저도 마찬가지입니다.

我同样不知道。
wǒ tóng yàng bù zhī dào
워 통 양 뿌 즈 따오

□ 여기까지 다른 질문은 없습니까?

到此为止，没有别的问题吗？
dào cǐ wéi zhǐ   méi yǒu bié de wèn tí ma
따오 츠 웨이 즈   메 여유 비에 더 원 티 마

긍정 · 부정의 표현

긍정할 때

□ 예
是。/ 对。
shì　duì
스　　뚜이

□ 그렇습니다.
是的。/ 是啊
shì dè　　shì ā
스 더　　　스 아

□ 당연합니다.
当然了。
dāng rán　le
땅 란 러

□ 정말 그렇습니다.
真是这样。
zhēn shì zhè yàng
전 스 쩌 양

□ 정말입니다.
真的。
zhēn dè
전 더

부정할 때

□ 아니오.
不。/ 不是。
bù　　bú shì
뿌　　뿌스

□ 아니오, 그렇지 않습니다.
不，不是。
bù　　bú shì
뿌　　뿌스

□ 좋습니다.

好。
hǎo
하오

□ 좋고 말고요.

可以，可以。
kě yǐ　　kě yǐ
커 이　　커 이

□ 저도 그래요.

我也是。
wǒ yě shì
워 예 스

□ 네, 맞아요.

对，不错。
duì　　bú cuò
뚜이　　부 춰

□ 그거 좋아요.

那好。
nà hǎo
나 하오

□ 매우 좋아요.

好极了。
hǎo jí le
하오 지 러

□ 그래도 돼요.

也行。
yě xíng
예 씽

□ 역시 좋아요.

也可以。
yě kě yǐ
예 커 이

□ 옳아요.

没意见。
méi yì jiàn
메이 이 지엔

□ 좋은 생각이야!

好主意！
hǎo zhǔ yì
하오 주 이

□ 알았습니다.

知道了。／明白了。
zhī dào le　　míng bái le
즈 따오 러　　밍 빠이 러

□ 잘 알았습니다.

好，明白了。
hǎo　　míng bái le
하오, 밍 빠이 러

□ 당신의 뜻은 알겠습니다.

我明白你的意思。
wǒ míng bái nǐ de yì sī
워 밍 빠이 니 더 이 스

□ 당신의 말씀을 이해합니다.

我理解你说的意思。
wǒ lǐ jiě nǐ shuō de yì sī
워 리 지에 니 쉬 더 이 스

□ 모르겠습니다.

我不明白。
wǒ bù míng bái
워 뿌 밍 빠이

□ 저는 전혀 모릅니다.

我一点儿也不知道。
wǒ yì diǎn r yě bù zhī dào
워 이 띠엔알 예 뿌 즈 따오

□ 저는 잘 이해하지 못하겠습니다.

我不大明白。
wǒ bú dà míng bái
워 뿌 따 밍 빠이

□ 다른 의견은 없습니다.

我没别的意见。
wǒ méi bié de yì jiàn
워 메이 삐에 더 이 지엔

□ 동의합니다.

我同意。
wǒ tóng yì
워 퉁 이

□ 당신의 의견에 동의합니다.

我同意你的意见。
wǒ tóng yì nǐ de yì jiàn
워 퉁 이 니 더 이 지엔

□ 전적으로 동의합니다.

我完全同意。
wǒ wán quán tóng yì
워 완 취엔 퉁 이

□ 그 의견에 찬성합니다.

我赞成那意见。
wǒ zàn chéng nà yì jiàn
워 짠 청 나 이 지엔

□ 이 의견은 좋은 것 같습니다.

这意见好像不错。
zhè yì jiàn hǎo xiàng bù cuò
쩌 이 지엔 하오 씨앙 뿌 춰

□ 이 의견에 반대하지 않습니다.

不反对这意见。
bù fǎn duì zhè yì jiàn
뿌 판 뚜이 쩌 이 지엔

□ 의견이 있습니다.

我有看法。
wǒ yǒu kàn fǎ
워 여우 칸 파

□ 저는 찬성하지 않습니다.

我不赞成。
wǒ bú zàn chéng
워 부 짠 청

□ 반대합니다.

反对。
fǎn duì
판 뚜이

□ 저는 동의할 수 없습니다.

我不能同意。
wǒ bú néng tóng yì
워 부 넝 퉁 이

□ 당신에게 동의할 수 없습니다.

我不能同意你。
wǒ bù néng tóng yì nǐ
워 뿌 넝 퉁 이 니

□ 이 의견에 반대합니다.

我反对这意见。
wǒ fǎn duì zhè yì jiàn
워 판 뚜이 쩌 이 지엔

□ 당신의 의견을 지지할 수 없습니다.

我不能支持你的意见。
wǒ bù néng zhī chí nǐ de yì jiàn
워 뿌 넝 즈 츠 니 더 이 지엔

□ 제 의견은 당신과 다릅니다.

我跟你的看法不一样。
wǒ gēn nǐ de kàn fǎ bù yī yàng
워 껀 니 더 칸 파 뿌 이 양

맞장구·연결 표현

맞장구칠 때

□ 옳아요. / 그래요.

是 的 。
shì de
스 더

□ 맞아요.

对 。
duì
뚜이

□ 맞습니다, 그렇습니다.

对 了 ， 对 了 。
duì le　　duì le
뚜이 러　　뚜이 러

□ 됐습니다.

好 了 。
hǎo le
하오 러

□ 좋아요.

好 的 。
hǎo de
하오 더

□ 좋아요. / 괜찮아요.

可 以 。
kě yǐ
커 이

□ 그렇고 말고요. / 물론이죠.

可 不 是 吗 。
kě bù shì ma
커 뿌 스 마

□ 좋아요. / 괜찮아요.

行。
xíng
씽

□ 알겠어요.

知道了。
zhī dào le
즈 따오 러

□ 당연합니다.

当然。
dāng rán
땅 란

□ 예, 그렇습니다.

是啊。
shì a
스 아

□ 정말이세요?

真的吗?
zhēn de ma
전 더 마

□ 정말 좋습니다.

真好。
zhēn hǎo
전 하오

□ 그렇습니까?

是吗?
shì ma
스 마

□ 설마!

至于吗!
zhì yú ma
즈 위 마

□ 안돼요.

不行。
bù xíng
뿌 씽

□ 할 줄 몰라요. / 안 할 거예요.

不会。
bú huì
부 후이

□ 틀린 것 같아요.

我看不对。
wǒ kàn bú duì
워 칸 부 뚜이

□ 그렇지 않은 것 같아요.

我觉得不对。
wǒ jué dé bú duì
워 쥐에 더 뿌 뚜이

□ 그렇지 않을 거예요.

恐怕不是那样。
kǒng pà bú shì nà yàng
콩 파 부 나 양

□ 할 수 없어요.

不能。
bù néng
뿌 넝

□ 안 됩니다.

不可以。
bù kě yǐ
뿌 커 이

□ 그건 하기 힘들겠어요.

那不好办。
nà bù hǎo bàn
나 뿌 하오 빤

□ 그렇게 하지 않아도 될 것 같아요.

我看不必了。
wǒ kàn bú bì le
워 칸 부 삐 러

□ 그것은, …

哪个 ,
nǎ gè
나 거

□ 제 생각에는, …

我想 ,
wǒ xiǎng
워 씨앙

□ 솔직히 말해서, …

说真的 ,
shuō zhēn dè
쉬 전 더

□ 어쨌든, …

无论如何 ,
wú lùn rú hé
우 룬 루 허

□ 예를 들면, …

比方说 ,
bǐ fāng shuō
삐 팡 쉬

□ 그렇다면, …

真么说 ,
zhēn mé shuō
전 머 쉬

□ 다시 말해, …

再说 ,
zài shuō
짜이 쉬

부탁의 표현

부탁할 때

☐ 부탁드려도 되겠습니까?

托你办件事，行吗？
tuō nǐ bàn jiàn shì　　xíng mǎ
퉈 니 빤 지엔 스　　씽 마

☐ 부탁드릴 일이 있습니다.

有件事想拜托您。
yǒu jiàn shì xiǎng bài tuō nín
여우 지엔 스 씨앙 빠이 퉈 닌

☐ 몇 가지 부탁드려도 될까요?

我可以托付你几件事吗？
wǒ kě yǐ tuō fù nǐ jǐ jiàn shì mǎ
워 커 이 퉈 푸 니 지 지엔 스 마

☐ 길 안내 좀 부탁드립니다.

请给我带路，好吗？
qǐng gěi wǒ dài lù　　hǎo mǎ
칭 게이 워 따이 루　　하오 마

☐ 전화 좀 해 주시겠어요?

你给我打电话，好吗？
nǐ gěi wǒ dǎ diàn huà　　hǎo ma
니 게이 워 따 디엔 후아　　하오 마

☐ 미안하지만, 잠깐 묻겠습니다.

麻烦你，打听一下。
má fán nǐ　　dǎ tīng yī xià
마 판 니　　따 팅 이 쌰

☐ 이것을 잠깐 보여 주세요.

请给我看看这个。
qǐng gěi wǒ kàn kan zhè ge
칭 게이 워 칸 칸 쩌 거

□ 잠깐 시간 좀 내 주시겠어요?

请给我一点儿时间。
qǐng gěi wǒ yī diǎn r shí jiān
칭 게이 워 이 디알 스 지엔

□ 좀 서둘러 주세요.

请快点儿。
qǐng kuài diǎn r
칭 콰이 디알

□ 좋습니다.

行。
xíng
씽

□ 좋습니다. 하십시오.

可以，请。
kě yǐ qǐng
커 이 칭

□ 좋아요, 하세요.

好，请吧。
hǎo qǐng ba
하오 칭 빠

□ 괜찮습니다.

没关系。
méi guān xì
메이 꽌 씨

□ 문제없습니다.

没问题。
méi wèn tí
메이 원 티

□ 이렇게 합시다.

就这么办吧。
jiù zhè me bàn ba
지우 쩌 머 빤 바

□ 물론 됩니다.

当然可以。
dāng rán kě yǐ
땅 란 커 이

□ 그렇게 하세요. (서슴지 않고 부탁을 들어줄 때)

完全可以。
wán quán kě yǐ
완 취엔 커 이

□ 문제없습니다. 꼭 해드리겠습니다.

没问题，我一定给你办。
méi wèn tí　　wǒ yī dìng gěi nǐ bàn
메이 원 티　　워 이 띵 게이 니 빤

□ 가능하다면, 제가 하겠습니다.

要是可能的话，我来。
yào shì kě néng de huà　　wǒ lái
야오 스 커 넝 더 후아　　워 라이

□ 미안합니다만, 안 됩니다.

对不起，不行。
duì bù qǐ　　bù xíng
뚜이 뿌 치　　뿌 씽

□ 그렇게는 안 되겠습니다.

可能不至于吧。
kě néng bú zhì yú bā
커 넝 부 즈 우 바

□ 고맙지만, 필요 없습니다.

谢谢，我不要了。
xiè xie　　wǒ bú yào le
씨에 시에　　워 부 야오 러

□ 미안합니다, 정말 못합니다.

对不起，我真的不会。
duì bù qǐ　　wǒ zhēn de bú huì
뚜이 부 치　　워 전 더 부 후이

□ 이건 너무 심한 것 같습니다.

我实在是无能为力啊。
wǒ shí zài shì wú néng wéi lì a
워 스 짜이 스 우 넝 워이 리 아

□ 다음 기회로 하죠.

下次机会吧。
xià cì jī huì ba
쌰 츠 지 후이 바

□ 다음에 다시 불러 주십시오.

下次再请我吧。
xià cì zài qǐng wǒ ba
쌰 츠 짜이 칭 워 바

□ 다음에 도와 주십시오.

下次再请关照。
xià cì zài qǐng guān zhào
쌰 츠 짜이 칭 꽌 자오

□ 다음에 다시 이야기합시다.

下次再说吧。
xià cì zài shuō ba
쌰 츠 짜이 숴 바

□ 미안하지만, 도와드릴 수 없습니다.

对不起， 我帮不了您的忙。
duì bù qǐ wǒ bāng bù liǎo nín de máng
뚜이 부 치   워 빵 뿌 랴오 닌 더 망

□ 잠시 생각해 보겠습니다.

让我考虑考虑。
ràng wǒ kǎo lù kǎo lù
랑 워 카오 뤼 카오 뤼

□ 나중에 또 기회가 있겠지요.

以后还会有机会的。
yǐ hòu hái huì yǒu jī huì de
이 허우 하이 후이 여우 지 후이 더

권유 · 제안의 표현

권유할 때

□ 앉으십시오.

请坐。
qǐng zuò
칭 쭤

□ 보십시오.

请看。
qǐng kàn
칭 칸

□ 들어오십시오.

请进。
qǐng jìn
칭 찐

□ 드십시오.

请吃。
qǐng chī
칭 츠

□ 좀더 드십시오.

请再多吃点儿。
qǐng zài duō chī diǎn r
칭 짜이 뚸 츠 디알

□ 담배 피우세요.

请抽烟。
qǐng chōu yān
칭 처우 옌

□ 편하실 대로하십시오.

请随便。
qǐng suí biàn
칭 수이 비엔

□ 괜찮다면 같이 가시죠.

方便的话一起走吧。
fāng biàn de huà yī qǐ zǒu bā
팡 비엔 더 화 이 치 쪼우 바

□ 저하고 쇼핑 가실래요?

陪我一起去购物好吗?
péi wǒ yī qǐ qù gòu wù hǎo mǎ
페이 워 이 치 취 꺼우 우 하오 마

□ 커피 한 잔 드시겠어요?

来一杯咖啡吧?
lái yī bēi kā fēi bā
라이 이 뻬이 카 페이 바

□ 테니스 치러 가시죠?

去不去打网球?
qù bù qù dǎ wǎng qiú
취 부 취 따 왕 치우

□ 창문을 열까요?

开开窗户好吗?
kāi kāi chuāng hù hǎo mǎ
카이 카이 추앙 후 하오 마

□ 제가 가방을 들어 드릴까요?

我给您拎包好码?
wǒ gěi nín līn bāo hǎo mǎ
워 게이 닌 린 빠오 하오 마

□ 맥주 한 잔 하시겠어요?

来一杯啤酒好吗?
lái yī bēi pí jiǔ hǎo mǎ
라이 이 뻬이 피 지우 하오 마

□ 제가 안내를 해 드릴까요?

我给你做导游好吗?
wǒ gěi nǐ zuò dǎo yóu hǎo mǎ
워 게이 니 쭤 따오 여우 하오 마

□ 감사합니다.

谢谢你。
xiè xie nǐ
씨에 시에 니

□ 정말로 감사합니다.

非常感谢!
fēi cháng gǎn xiè
페이 창 깐 씨에

我很感谢。
wǒ hěn gǎn xiè
워 헌 깐 씨에

□ 진심으로 감사드립니다.(관심을 가져 주셔서 감사드립니다)

谢谢你的关心。
xiè xie nǐ de guān xīn
씨에 시에 니 더 꽌 씬

□ 천만에요.

不客气。
bú kè qì
부 커 치

没关系。
méi guān xì
메이 꽌 씨

不用谢。
bú yòng xiè
부 용 씨에

□ 신경 쓰지 마십시오.

请不要张罗。
qǐng bú yào zhāng luó
칭 부 야오 장 루어

□ 술을 끊는 게 좋겠어요.

你还是戒酒吧。
nǐ hái shì jiè jiǔ ba
니 하이 스 지에 지우 바

□ 우리 돌아가야 하지 않겠어요?

我们是不是该回去了?
wǒ mén shì bù shì gāi huí qù le
워 먼 스 부 스 까이 후이 취 러

□ 지금 출발해야겠어요.

我们得出发了。
wǒ mén děi chū fā le
워 먼 데이 추 파 러

□ 제가 도와드릴 일이라도 있나요?

有没有需要我帮忙的?
yǒu méi yǒu xū yào wǒ bāng máng dé
여우 메이 여유 쉬 야오 워 빵 망 더

□ 시험삼아 한번 해 봅시다.

那我们就试一试。
nà wǒ mén jiù shì yī shì
나 워 먼 지우 쓰 이 쓰

□ 털어놓고 얘기합시다.

咱们打开天窗说亮话。
zán mén dǎ kāi tiān chuāng shuō liàng huà
짠 먼 따 카이 티엔 추앙 쉬 량 화

□ 오늘은 이만 합시다.

今天就到这儿吧。
jīn tiān jiù dào zhè r bā
진 티엔 지우 따오 쩌덜 바

□ 이런 식으로 표현하는 것이 어떨까요?

就这个方式表达可不可以?
jiù zhè gè fāng shì biǎo dá kě bù kě yǐ
지우 쩌 거 팡 쓰 빠오 다 커 뿌 커 이

□ 화해합시다.

咱们和好吧。
zán mén hé hǎo bā
짠 먼 허 하오 바

□ 내게 좋은 생각이 있어요.

我倒有个好主意。
wǒ dǎo yǒu gè hǎo zhǔ yì
워 따오 여유 거 하오 주 이

□ 주의하는 것이 좋겠어요!

我看还是注意点好。
wǒ kàn hái shì zhù yì diǎn hǎo
워 칸 하이 스 쭈 이 디엔 하오

□ 지금 시작하는 것이 좋을 것입니다.

还是立即开始好一些。
hái shì lì jí kāi shǐ hǎo yī xiē
하이 스 리 지 카이 쓰 하오 이 씨에

□ 좋습니다.

好吧。
hǎo bā
하오 바

□ 네, 그렇게 하겠습니다.

好，就那样吧。
hǎo jiù nà yàng bā
하오, 지우 나 양 바

□ 감사합니다. 그렇게 해 주세요.

谢谢，那就请吧。
xiè xie nà jiù qǐng bā
씨에 시에 나 지우 칭 바

□ 그거 좋은 생각이군요.

那想法真不错。
nà xiǎng fǎ zhēn bù cuò
나 썅 파 전 뿌 춰

□ 그거 재미있겠는데요.

肯定会有意思的。
kěn dìng huì yǒu yì sī de
컨 띵 후이 여유 이 쓰 더

56

□ 그렇게 합시다.

就那么的吧。
jiù nà me de ba
지우 나 머 더 바

□ 그거 괜찮겠군요.

那好哇。
nà hǎo wā
나 하오 와

□ 그럴 기분이 아닙니다.

我没有心思这么做。
wǒ méi yǒu xīn sī zhè me zuò
워 메이 여유 씬 스 쩌 머 쭤

□ 그렇게 하지 맙시다.

不要那么做。
bú yào nà me zuò
부 야오 나 머 쭤

□ 고맙지만, 됐습니다.

谢谢，不用了。
xiè xie bú yòng le
씨에 시에 부 융 러

□ 그럴 생각이 없습니다.

我不想那样。
wǒ bù xiǎng nà yàng
워 뿌 샹 나 양

□ 다음 기회로 미룰까요?

下次再找机会好不好？
xià cì zài zhǎo jī huì hǎo bù hǎo
쌰 츠 짜이 자오 지 후이 하오 뿌 하오

□ 그러고 싶지만, 선약이 있어요.

我倒是想去，可已经约了人。
wǒ dǎo shì xiǎng qù kě yǐ jīng yuē le rén
워 따오 스 샹 취 커 이 즌 위에 러 런

요구 · 바램의 표현

요청하거나
요구할 때

□ 잠깐만 기다려 주십시오.

请等一下。
qǐng děng yī xià
칭 떵 이 쌰

□ 저를 따라 오십시오.

请跟我来。
qǐng gēn wǒ lái
칭 껀 워 라이

□ 다시 한번 말씀해 주십시오.

请再说一遍。
qǐng zài shuō yī biàn
칭 짜이 쉬 이 비엔

□ 좀 천천히 말씀해 주십시오.

请说慢一点儿。
qǐng shuō màn yī diǎn r
칭 쉬 만 이 디알

□ 계속 말씀하십시오.

请接着说。
qǐng jiē zhuó shuō
칭 지에 쥐 쉬

□ 여기에 써 주십시오.

请写在这儿。
qǐng xiě zài zhè r
칭 씨에 짜이 쩌ㄹ

□ 말을 전해 주십시오.

请转告。
qǐng zhuǎn gào
칭 쭈안 까오

□ 방해하지 말아 주십시오.

请勿打扰。
qǐng wù dǎ ráo
칭 우 따 라오

□ 원합니다.

我要。
wǒ yào
워 야오

□ 원하지 않습니다.

我不要。
wǒ bú yào
워 부 야오

□ 아무것도 필요 없습니다.

我什么都不要。
wǒ shén me dū bú yào
워 션 머 뚜 부 야오

□ 선물을 좀 사고 싶습니다.

我想买点儿礼品。
wǒ xiǎng mǎi diǎn r lǐ pǐn
워 씨앙 마이 디알 리 핀

□ 가고 싶지 않습니다.

我不想去。
wǒ bù xiǎng qù
워 뿌 썅 취

□ 먹고 싶지 않습니다.

我不想吃。
wǒ bù xiǎng chī
워 뿌 썅 츠

□ 아무것도 먹고 싶지 않습니다.

我什么都不想吃。
wǒ shén me dū bù xiǎng chī
워 션 머 뚜 뿌 썅 츠

재촉의 표현

재촉할 때

□ 서두르세요!

请抓点紧。
qǐng zhuā diǎn jǐn
칭 주아 디엔 진

□ 서둘러 주시겠습니까?

请快一点好吗？
qǐng kuài yī diǎn hǎo má
칭 콰이 디엔 하오 마

□ 서두르자.

我们赶紧吧。
wǒ mén gǎn jǐn bā
워 먼 깐 진 바

□ 저 몹시 급해요.

我很着急的。
wǒ hěn zháo jí dè
워 헌 쟈오 지 더

□ 서둘러, 시간이 넉넉하지 않아.

快点，时间不多了！
kuài diǎn   shí jiān bù duō le
콰이 디엔　 스 지엔 뿌 뚸 러

□ 빨리 하세요!

快点干吧！
kuài diǎn gàn bā
콰이 디엔 깐 바

□ 지체할 시간이 없어요.

没有功夫耽误了。
méi yǒu gōng fū dān wù le
메이 여유 꿍 푸 딴 우 러

□ 가능한 빨리 하세요

尽可能快点吧。
jìn kě néng kuài diǎn bū
찐 커 넝 콰이 디엔 바

□ 빨리 움직여!

快点动起来!
kuài diǎn dòng qǐ lái
콰이 디엔 뚱 치 라이

□ 빨리 나오세요!

快出来!
kuài chū lái
콰이 추 라이

□ 속도를 좀 내세요.

加快点速度!
jiā kuài diǎn sù dù
쟈 콰이 디엔 쑤 두

□ 지금 당장 해 주세요.

现在立即处理吧。
xiàn zài lì jí chù lǐ bū
씨엔 짜이 리 지 추 리 바

□ 빨리 해 주세요.

请尽快办好。
qǐng jìn kuài bàn hǎo
칭 찐 콰이 빠 하오

□ 시간이 없어요.

没有时间。
méi yǒu shí jiān
메이 여유 스 지엔

□ 비행기 시간에 늦겠어요.

弄不好误了飞机。
nòng bù hǎo wù le fēi jī
눙 뿌 하오 우 러 페이 지

□ 천천히 하세요.

请慢慢来。
qǐng màn màn lái
칭 만 만 라이

□ 서두를 필요 없어요.

用不着着忙的。
yòng bù zháo zhuó máng de
융 부 쟈오 쭈어 망 더

□ 나중에 해도 돼요.

以后再干也行。
yǐ hòu zài gān yě xíng
이 허우 짜이 깐 예 씽

□ 뭐가 그리 급하세요?

什么事那么急呀?
shén me shì nà me jí yā
썬 머 쓰 나 머 지 야

□ 너무 재촉하지 마세요.

不要催得那么厉害!
bù yào cuī dé nà me lì hài
뿌 야오 추이 더 나 머 리 하이

□ 서두른다고 일이 빨리 되진 않아요.

你以为着急就能快呀?
nǐ yǐ wéi zháo jí jiù néng kuài yā
니 이 웨이 쟈오 지 지우 넝 콰이 야

□ 시간이 많이 있습니다.

时间很充分。
shí jiān hěn chōng fēn
스 지엔 헌 충 펀

□ 날 재촉하지 마!

你不要催我!
nǐ bú yào cuī wǒ
니 부 야오 추이 워

견해 · 소감의 표현

견해를 물을 때

□ 이 계획에 대해 어떻게 생각하십니까?

你对这计划有什么想法？
nǐ duì zhè jì huá yǒu shén me xiǎng fǎ
니 뚜이 쩌 지 화 여우 썬 머 쌍 파

□ 그 여자에 대해 어떻게 생각하세요?

你认为那个女人怎么样？
nǐ rèn wéi nà gè nǚ rén zěn me yàng
니 런 웨이 나 거 뉘 런 쩐 머 양

□ 내 의견에 대해 어떻게 생각하세요?

你对我的意见怎么想？
nǐ duì wǒ de yì jiàn zěn me xiǎng
니 뚜이 워 더 이 지엔 쩐 머 쌍

□ 자, 제가 어떻게 하면 됩니까?

啊，你想我应该怎么做？
ā　　nǐ xiǎng wǒ yīng gāi zěn me zuò
아　　니 쌍 워 잉 까이 쩐 머 쭤

□ 좋은 아이디어가 떠오르십니까?

你有什么好主意吗？
nǐ yǒu shén me hǎo zhǔ yì mǎ
니 여우 썬 머 하오 주 이 마

□ 그가 누구라고 생각하십니까?

你认为他是谁？
nǐ rèn wéi tā shì shéi
니 런 웨이 타 스 쉐이

견해를 밝힐 때

□ 그게 좋겠어요.

还是那样好。
hái shì nà yàng hǎo
하이 스 나 양 하오

□ 그 정도가 타당할 겁니다.

那个程度挺合适的。
nà gè chéng dù tǐng hé shì de
나 거 청 뚜 팅 허 스 더

□ 그것도 역시 효과가 없을 겁니다.

我想那也不见得有效。
wǒ xiǎng nà yě bú jiàn dé yǒu xiào
워 샹 나 예 부 지엔 더 여우 쌰오

□ 오히려 이것이 나아요.

还是这个好一些。
hái shì zhè gè hǎo yī xiē
하이 스 쩌 거 하오 이 씨에

□ 제 소견을 말씀드리겠습니다.

那谈谈我的个人意见吧。
nà tán tán wǒ de gè rén yì jiàn bā
나 탄 탄 워 더 꺼 런 이 지엔 바

□ 이건 단지 제 사견입니다.

这不过是我个人的想法。
zhè bú guò shì wǒ gè rén de xiǎng fǎ
쩌 부 꿔 스 워 꺼 런 더 썅 파

□ 이 정도면 무난할 겁니다.

这程度就可以了。
zhè chéng dù jiù kě yǐ le
쩌 청 뚜 지우 커 이 러

□ 이런 식으로 표현하는 게 어떨까요?

用这种方式表达怎么样?
yòng zhè zhǒng fāng shì biǎo dá zěn me yàng
융 쩌 쭝 팡 스 빠오 다 쩐 머 양

□ 제 개인적으로는 그렇게 생각하지 않습니다.

我个人并不那么人为。
wǒ gè rén bìng bù nà me rén wéi
워 꺼 런 삥 부 나 머 런 웨이

□ 제가 필요로 하는 건 이게 아닙니다.

我需要的不是这个。
wǒ xū yào de bù shì zhè gè
워 쉬 야오 더 뿌 스 저 거

□ 한 말씀드려도 될까요?

我可以谈谈吗？
wǒ kě yǐ tán tán mù
워 커이 탄 탄 마

□ 한 말씀 덧붙이겠습니다.

我再补充一点。
wǒ zài bǔ chōng yī diǎn
워 짜이 부 충 이 디엔

□ 한국 생활은 어떻습니까?

在韩国生活得怎么样？
zài hán guó shēng huó de zěn me yàng
짜이 한 궈 썽 훠 더 쩐 머 양

□ 소감을 말씀해 주세요.

请谈谈您的感想。
qǐng tán tán nín de gǎn xiǎng
칭 탄 탄 닌 더 깐 썅

□ 뭐가 그렇게 좋았습니까?

哪点有那么好？
nǎ diǎn yǒu nà me hǎo
나 띠엔 여우 나 머 하오

□ 아주 좋습니다.

过得很好。
guò de hěn hǎo
꿔 더 헌 하오

□ 시원섭섭합니다.

真是爱恨掺半啊。
zhēn shì ài hèn chān bàn ā
전 스 아이 헌 찬 빤 아

□ 아주 싫습니다.

真 是 讨 厌 死 了。
zhēn shì tǎo yàn sǐ le
전 스 타오 옌 쓰 러

□ 전혀 안 좋습니다.

一 点 也 不 好。
yī diǎn yě bù hǎo
이 띠엔 예 뿌 하오

□ 나는 스키 여행을 갈 생각입니다.

我 想 去 滑 滑 雪。
wǒ xiǎng qù huá huá xuě
워 썅 취 화 화 쉐

□ 그 여자와 결혼할 생각입니다.

我 打 算 跟 她 结 婚。
wǒ dǎ suàn gēn tā jié hūn
워 따 쑤안 껀 타 지에 훈

□ 새로운 사업을 하나 시작하려고 합니다.

我 正 在 筹 备 一 项 新 事 业。
wǒ zhèng zài chóu bèi yī xiàng xīn shì yè
워 정 짜이 초우 뻬이 이 썅 씬 쓰 예

□ 담배를 끊기로 결심했습니다.

我 决 心 戒 烟。
wǒ jué xīn jiè yān
워 쥐에 씬 쥐에 옌

□ 그의 사과를 받아들이기로 결정했습니다.

我 决 定 接 受 他 的 道 歉。
wǒ jué dìng jiē shòu tā dè dào qiàn
워줴띵 제쏘 타더 또우챈

□ 제 생각을 바꿨어요.

我 改 变 了 主 意。
wǒ gǎi biàn le zhǔ yì
워 까이 삐엔 러 주 이

□ 왕펑이 왜 저러는 거죠?

王平他怎么啦?
wáng píng tā zěn me la
왕 핑 타 쩐 머 라

□ 기분이 안 좋은 것 같아요.

我看他心情不好。
wǒ kàn tā xīn qíng bù hǎo
워 칸 타 씬 칭 뿌 하으

□ 당신 말이 옳은 것 같군요.

我想你说得不错。
wǒ xiǎng nǐ shuō dé bù cuò
워 쌍 니 쉬 더 뿌 춰

□ 그가 실수로 그런 것 같아요.

我看他是一时疏忽了。
wǒ kàn tā shì yī shí shū hū le
워 칸 타 스 이 스 수 후 러

□ 그가 안 올 것 같아요.

我想他不会来的。
wǒ xiǎng tā bù huì lái de
워 쌍 타 뿌 후이 라이 더

□ 그가 안 올 것 같은 예감이 들어요.

我有预感，他可能不来了。
wǒ yǒu yù gǎn   tā kě néng bù lái le
워 여유 위 간   타 커 넝 뿌 라이 러

□ 그들이 뭔가 꾸미고 있는 것 같아요.

他们是不是在谋划什么事?
tā mén shì bù shì zài móu huá shén me shì
타 먼 스 뿌 스 짜이 머우 화 션 거 쓰

□ 리리에게 무슨 일이 생긴 것 같아요.

我想莉莉好想出了什么事。
wǒ xiǎng lì lì hǎo xiǎng chū le shén me shì
워 쌍 리 리 하오 쌍 추 러 션 머 쓰

충고 · 주의의 표현

충고할 때

□ 나를 실망시키지 마세요.

不要让我失望。
bù yào ràng wǒ shī wàng
뿌 야오 랑 워 스 왕

□ 잊지 말고 기억하세요.

你可要记住，别忘了！
nǐ kě yào jì zhù bié wàng le
니 커 야오 찌 주 비에 왕 러

□ 자존심을 버리세요.

抛弃你的自尊吧。
pāo qì nǐ dè zì zūn bā
파오 치 니 더 쯔 쭌 바

□ 나를 꼭 믿지는 말아요.

你可别死死地相信我。
nǐ kě bié sǐ sǐ dì xiāng xìn wǒ
니 커 비에 쓰 쓰 디 쌍 씬 워

□ 선수를 치세요.

你要先发制人。
nǐ yào xiān fā zhì rén
니 야오 씨엔 파 즈 런

□ 일찍 자고 일찍 일어나는 게 좋아요.

还是早睡早起好。
hái shì zǎo shuì zǎo qǐ hǎo
하이 스 짜오 쑤이 짜오 치 하오

□ 너는 진지해야 한다.

你一定要真诚。
nǐ yī dìng yào zhēn chéng
니 이 띵 야오 전 청

□ 여론에 귀를 기울이세요.

得倾听舆论。
déi qīng tīng yú lùn
데이 칭 팅 위 룬

□ 그의 말을 액면 그대로 받아들이지 마세요!

可不要人家说什么信什么。
kě bù yào rén jiā shuō shén me xìn shén me
커 뿌 야오 런 쟈 숴 션 머 씬 션 머

□ 최선을 다해라.

你一定要全力以赴啊!
nǐ yī dìng yào quán lì yǐ fù ā
니 이 띵 야오 취엔 리 이 푸 아

□ 규칙대로 하는 것이 좋을 겁니다.

还是照规矩来好一些。
hái shì zhào guī jǔ lái hǎo yī xiē
하이 스 자오 꾸이 쥐 라이 하오 이 씨에

□ 제발 욕 좀 그만 하세요.

求求你不要再骂了。
qiú qiú nǐ bù yào zài mà le
치우 치우 니 뿌 야오 짜이 마 러

□ 말보다는 행동이 중요해요.

行动比宣言更重要。
xíng dòng bǐ xuān yán gēng zhòng yào
씽 뚱 비 쑤안 옌 껑 쭝 야오

□ 담배를 끊으셔야 해요.

烟是一定要戒的。
yān shì yī dìng yào jiè de
이엔 스 이 띵 야오 찌에 더

□ 당신은 그 생각을 버려야 해요.

你要抛弃这种想法。
nǐ yào pāo qì zhè zhǒng xiǎng fǎ
니 야오 파오 치 쩌 쭝 쌍 파

□ 화를 내지 마세요.

你不要发火。
nǐ bù yào fā huǒ
니 뿌 야오 파 훠

□ 자동차를 조심하세요!

当心汽车！
dāng xīn qì chē
땅 씬 치 처

□ 그러면 안 돼요.

你可不要那样。
nǐ kě bú yào nà yàng
니 커 부 야오 나 양

□ 이러시면 안 되는 데요.

你这样做可不好。
nǐ zhè yàng zuò kě bù hǎo
니 쩌 양 쭤 커 뿌 하오

□ 개의치 마십시오.

你不要介意。
nǐ bú yào jiè yì
니 부 야오 찌에 이

□ 쓸데없는 짓 말아요.

你不要白费心了。
nǐ bú yào bái fèi xīn le
니 부 야오 빠이 페이 씬 러

□ 그것을 중지하도록 하세요.

那个就那么停止吧。
nà gè jiù nà me tíng zhǐ bā
나 거 찌우 나 머 팅 즈 바

□ 주의하는 것이 좋겠어요!

我看你还是注意点好。
wǒ kàn nǐ hái shì zhù yì diǎn hǎo
워 칸 니 하이 스 주 이 디엔 하오

감정에 관한 표현

감사의 표현

**고마움을
나타낼 때**

☐ 감사합니다.

谢谢!
xiè xie
씨에 시에

☐ 도와주셔서 고맙습니다.

很感谢你对我的帮助。
hěn gǎn xiè nǐ duì wǒ dè bāng zhù
헌 깐 씨에 니 뚜이 워 더 빵 주

☐ 대단히 감사합니다.

非常感谢。
fēi cháng gǎn xiè
페이 창 깐 씨에

☐ 수고하셨습니다.

您辛苦了。
nín xīn kǔ le
닌 씬 쿠 러

☐ 대단히 감사드립니다.

太谢谢你了。
tài xiè xie nǐ le
타이 씨에 시에 니 러

☐ 배려에 감사드립니다.

谢谢您的关心。
xiè xie nín de guān xīn
씨에 시에 닌 더 꽌 씬

☐ 호의에 감사드립니다.

谢谢你的好意。
xiè xie nǐ de hǎo yì
씨에 시에 니 더 하오 이

□ 폐가 많았습니다.

太麻烦你了。
tài má fán nǐ le
타이 마 판 니 러

□ 어떻게 감사를 드려야 할지 모르겠습니다.

我真不知道怎么感谢您才好。
wǒ zhēn bù zhī dào zěn me gǎn xiè nín cái hǎo
워 전 뿌 즈 따오 쩐 머 깐 씨에 닌 차이 하오

□ 별말씀을 다 하십니다.

不用客气。
bú yòng kè qì
뿌 융 커 치

□ 감사할 필요까지야.

不用谢 。
bú yòng xiè
뿌 융 씨에

□ 천만의 말씀입니다.

哪里哪里。
nǎ lǐ nǎ lǐ
나 리 나 리

□ 그러실 필요까지 없습니다.

你太见外了。
nǐ tài jiàn wài le
니 타이 지엔 와이 러

□ 괘념치 마십시오.

请不要张罗。
qǐng bù yào zhāng luo
칭 뿌 야오 장 루어

□ 별것 아닙니다.

没什么。
méi shén me
메이 션 머

사과·사죄의 표현

사과·
사죄할 때

□ 미안합니다.

对不起。
duì bù qǐ
뚜이 부 치

□ 정말로 죄송합니다.

实在对不起。
shí zài duì bù qǐ
스 짜이 뚜이 부 치

□ 폐를 끼쳐드려 죄송합니다.

给您添麻烦了。
gěi nín tiān má fán le
게이 닌 티엔 마 판 러

□ 늦게 와서 죄송합니다.

对不起，我来晚了。
duì bù qǐ   wǒ lái wǎn le
뚜이 부 치   워 라이 완 러

□ 용서해주십시오.

请您原谅！
qǐng nín yuán liàng
칭 닌 위엔 량

□ 부디 양해해 주십시오.

请原谅。
qǐng yuán liàng
칭 위엔 량

□ 제가 잘못했습니다.

是我不对。
shì wǒ bù duì
스 워 뿌 뚜이

□ 오래 기다리게 해서 죄송합니다.

对不起，让您久等了。
duì bù qǐ　ràng nín jiǔ děng le
뚜이 부 치　　랑 닌 지우 떵 커

□ 실례합니다.

借光借光。
jiè guāng jiè guāng
지에 꾸앙 지에 꾸앙

□ 미안합니다. 말씀 중에 실례합니다.

对不起，我说一句。
duì bù qǐ　wǒ shuō yī jù
뚜이 부 치　　워 쉬 이 지우

□ 괜찮습니다.

没关系。
méi guān xì
메이 꽌 씨

□ 마음에 두지 마십시오.

你不必担心。
nǐ bù bì dān xīn
니 뿌 비 딴 씬

□ 천만에요.

不用谢。
bù yòng xiè
뿌 용 씨에

□ 사과하실 필요가 없습니다.

你不用陪礼。
nǐ bù yòng péi lǐ
니 뿌 용 페이 리

□ 피차일반입니다.

彼此，彼此。
bǐ cǐ　　bǐ cǐ
비 츠　　비 츠

축하와 칭찬의 표현

| 축하할 때 |

□ 축하합니다.

祝贺你。
zhù hè nǐ
쭈 허 니

□ 축하드립니다.

恭喜恭喜。
gōng xǐ gōng xǐ
꿍 씨 꿍 씨

□ 생일 축하합니다.

祝你生日快乐。
zhù nǐ shēng rì kuài lè
쭈 니 셩 르 콰이 러

□ 취직을 축하드립니다.

祝贺你参加工作!
zhù hè nǐ cān jiā gōng zuò
쭈 허 니 찬 쟈 꿍 쮂

□ 승진을 축하합니다.

恭喜你升职!
gōng xǐ nǐ shēng zhí
꿍 씨 니 셩 즈

□ 대학 입학을 축하합니다.

祝贺你考上大学。
zhù hè nǐ kǎo shàng dà xué
쭈 허 니 카오 상 따 쉬에

□ 졸업을 축하합니다.

祝贺你毕业!
zhù hè nǐ bì yè
쭈 허 니 삐 예

□ 임신을 축하합니다.

祝贺你怀孕。
zhù hè nǐ huái yùn
쭈 허 니 화이 윈

□ 아들이 태어났다니 축하하네.

恭喜你生了个儿子!
gōng xǐ nǐ shēng le gè r zǐ
꿍 씨 니 셩 러 껄 즈

□ 행운이 있기를 바랍니다.

祝你好运。
zhù nǐ hǎo yùn
쭈 니 하오 윈

□ 건강하시기를 빌겠습니다.

祝你身体健康。
zhù nǐ shēn tǐ jiàn kāng
쭈 니 션 티 지엔 캉

□ 잘 다녀오시기 바랍니다.

祝你一路顺风。
zhù nǐ yī lù shùn fēng
쭈 니 이 루 순 펑

□ 성공을 빌겠습니다.

祝你成功。
zhù nǐ chéng gōng
쭈 니 청 꿍

□ 좋은 성적을 거두기를 바랍니다.

祝你取得好成绩。
zhù nǐ qǔ dé hǎo chéng jī
쭈 니 취 더 하오 청 지

□ 모든 일이 순조롭기를 바랍니다.

祝你一切顺利!
zhù nǐ yī qiē shùn lì
쭈 니 이 치에 순 리

□ 새해 복많이 받으십시오.

新年快乐。
xīn nián kuài lè
씬 니엔 콰이 러

□ 새해는 모든 일이 잘 되기를 바랍니다.

祝你在新的一年里马到成功!
zhù nǐ zài xīn de yì nián lǐ mǎ dào chéng gōng
주 니 짜이 씬 더 이 니엔 리 마 따오 청 꿍

□ 새해에 즐겁게 보내시기 바랍니다.

祝你新年愉快!
zhù nǐ xīn nián yú kuài
주 니 씬 니엔 위 콰이

□ 그는 정말 유능합니다.

他真能干。
tā zhēn néng gān
타 전 넝 깐

□ 그는 매우 친절합니다.

他很热情。
tā hěn rè qíng
타 헌 러 칭

□ 그는 유머러스합니다.

他很幽默。
tā hěn yōu mò
타 헌 여우 모

□ 그는 미인입니다.

她长得很漂亮。
tā cháng dé hěn piāo liàng
타 창 더 헌 퍄오 량

□ 매우 좋습니다.

太好了。
tài hǎo le
타이 하오 러

여러 가지 감정 표현

기쁠 때

□ 전 몹시 기쁩니다.

我非常高兴!
wǒ fēi cháng gāo xīng
워 페이 창 까오 씽

□ 정말 즐겁습니다.

真愉快!
zhēn yú kuài
전 위 콰이

□ 정말 재미있습니다.

很有意思。
hěn yǒu yì sī
헌 여우 이 스

□ 정말 보기 좋습니다.

真好看。
zhēn hǎo kàn
전 하오 칸

□ 이 얼마나 다행인가요.

这多么幸运啊
zhè duō me xìng yùn a
쩌 뚸 머 씽 윈 아

화가 날 때

□ 왜 저한테 화를 내세요?

你为什么跟我生气?
nǐ wéi shén me gēn wǒ shēng qì
니 웨이 션 머 껀 워 셩 치

□ 날 화나게 하지 마세요.

请你不要惹我生气。
qǐng nǐ bù yào rě wǒ shēng qì
칭 니 뿌 야오 르 워 셩 치

□ 화내지 마세요.

别生气了。
bié shēng qì le
삐에 셩 치 러

□ 그가 또 약속을 어겼어. 너무 화가 나.

他又没有守约，真气死人了。
tā yòu méi yǒu shǒu yuē　zhēn qì sǐ rén le
타 여우 메이 여우 쇼우 위에 전 치 스 런 러

놀랐을 때

□ 전 정말 놀랐어요.

我真的好吃惊。
wǒ zhēn de hǎo chī jīng
워 전 더 하오 츠 징

□ 이거 정말 놀랍군요.

这真让人吃惊呀！
zhè zhēn ràng rén chī jīng ya
쩌 전 랑 런 츠 징 야

□ 세상에 이럴 수가!

岂有此理！
qǐ yǒu cǐ lǐ
치 여우 츠 리

□ 저도 그것 때문에 많이 놀랐습니다.

我也对此感到很惊讶。
wǒ yě duì cǐ gǎn dào hěn jīng yà
워 예 뚜이 츠 깐 따오 헌 징 야

당황할 때

□ 어찌할 바를 모르겠습니다.

不知道该怎么办。
bù zhī dào gāi zěn me bàn
뿌 즈 다오 까이 쩐 머 빤

□ 난 어떻게 하면 좋을지 모르겠습니다.

我真不知道该怎么办。
wǒ zhēn bù zhī dào gāi zěn me bàn
워 전 뿌 즈 다오 까이 쩐 머 빤

□ 왜 당황해 합니까, 무슨 일이 있으세요?

你怎么慌慌张张的，有什么事吗？
nǐ zěn me huāng huāng zhāng zhāng de yǒu shén me shì ma
니 쩐 머 후앙 후앙 짱 장 더　여우 션 머 스 마

□ 나는 마음이 아픕ㄴ다.

我心里好痛苦。
wǒ xīn lǐ hǎo tòng kǔ
워 씬 리 하오 퉁 쿠

□ 슬퍼서 울고만 싶습니다.

我很伤心，只想哭。
wǒ hěn shāng xīn zhǐ xiǎng kū
워 헌 샹 씬　즈 쌍 쿠

□ 슬퍼하지 마세요.

不要伤心了。
bú yào shāng xīn le
부 야오 샹 씬 러

□ 기분을 좀 푸세요.

开开心吧。
kāi kai xīn bā
카이 카이 씬 바

□ 진정하십시오.

请你镇静。
qǐng nǐ zhèn jìng
칭 니 쩐 징

□ 이래서는 안 됩니다.

这可怎么行呢。
zhè kě zěn me xíng ne
쩌 커 쩐 머 씽 너

□ 당신 차례예요. 수줍어 마세요.

轮到你了，不要不好意思。
lún dào nǐ le bú yào bù hǎo yì sī
룬 따오 니 러　부 야오 뿌ㅎ오 이 스

□ 너는 창피한 줄 알아야지.

你要知道羞耻。
nǐ yào zhī dào xiū chǐ
니 야오 즈 따오 씨우 츠

□ 저는 이에 대해 부끄럽게 생각합니다.

我对此感到很惭愧。
wǒ duì cǐ gǎn dào hěn cán kuì
워 뚜이 츠 깐 따오 헌 찬 쿠이

□ 이 일은 나로서는 수치입니다.

这事对我来说是个羞耻。
zhè shì duì wǒ lái shuō shì gè xiū chǐ
쩌 스 뚜이 워 라이 수오 스 거 씨우 츠

□ 정말 유감입니다.

真遗憾。
zhēn yí hàn
쩐 이 한

유감스러울 때 □ 만약 그렇다면, 너무나 유감스럽습니다.

要是那样，那太遗憾了。
yào shì nà yàng nà tài yí hàn le
야오 스 나 양 나 타이 이 한 러

□ 당신이 오시지 않아서 너무 유감스러웠습니다.

你不能来真是太遗憾了！
nǐ bù néng lái zhēn shì tài yí hàn le
니 뿌 넝 라이 쩐 스 타이 이 한 러

부러울 때 □ 무척 부럽습니다.

非常羡慕。
fēi cháng xiàn mù
페이 창 씨엔 무

□ 난 네가 정말 부러워.

我真羡慕你！
wǒ zhēn xiàn mù nǐ
워 전 씨엔 무 니

82

□ 저도 당신의 용기가 부럽습니다.

我也很羡慕你的勇气。
wǒ yě hěn xiàn mù nǐ de yǒng qì
워 예 헌 씨엔 무 니 더 융 치

□ 다른 사람을 시기해본 적이 있어요?

你妒忌过别人吗？
nǐ dù jì guò bié rén má
니 뚜 지 꿔 비에 런 마

□ 서로 의심하고 질투하지 말아요.

你们不要互相猜忌。
nǐ mèn bú yào hù xiāng cāi jì
니 먼 부 야오 후 씨앙 차이 지

□ 남을 질투하는 것은 나쁜 버릇입니다.

嫉妒别人是不好的习惯。
jí dù bié rén shì bù hǎo de xí guàn
지 뚜 비에 런 스 뿌 하오 더 씨 꽌

□ 왜 그러세요?

你怎么了。
nǐ zěn me le
니 쩐 머 러

□ 무슨 걱정거리가 있습니까?

有什么心事吗？
yǒu shén me xīn shi má
여우 션 머 씬 스 마

□ 무슨 걱정이라도 있습니까?

你有什么优虑吗？
nǐ yǒu shén me yōu lù má
니 여우 션 머 여우 뤼 마

□ 그는 왜 안절부절못하죠?

他怎么坐立不安呢？
tā zěn me zuò lì bù ān ne
타 쩐 머 쮀 리 뿌 안 너

□ 무슨 일로 그렇게 조급해 하세요?

你有什么事那么着急?
nǐ yǒu shén me shì nà me zháo jí
니 여우 션 머 스 나 머 짜오 지

□ 정말 무섭군요.

真让人感到可怕。
zhēn ràng rén gǎn dào kě pà
전 랑 런 깐 따오 커 파

무서울 때

□ 무서워하지 마!

别怕，不要怕！
bié pà　　bú yào pà
비에 파　　부 야오 파

□ 그건 별거 아니야.

这没什么了不起。
zhè méi shén me liǎo bù qǐ
쩌 메이 션 머 랴오 부 치

□ 그 장면을 생각만 해도 오싹해집니다.

一想到那场面就让人发抖。
yì xiǎng dào nà chǎng miàn jiù ràng rén fā dǒu
이 썅 따오 나 창 미엔 찌우 랑 런 파 떠우

감탄할 때

□ 전 정말 탄복했습니다.

我真佩服。
wǒ zhēn pèi fú
워 쩐 페이 푸

□ 정말 대단하군요.

真了不起。
zhēn liǎo bù qǐ
전 랴오 부 치

□ 정말 감동적입니다.

实在令人感动。
shí zài lìng rén gǎn dòng
스 짜이 링 런 깐 똥

좋고 싫음의 표현

좋아하는 것을 물을 때

□ 어떤 종류의 영화를 좋아하세요?

你喜欢什么类型的电影？
nǐ xǐ huān shén mè lèi xíng dè diàn yǐng
니 씨 환 션 머 레이 씽 더 띠엔 잉

□ 재즈를 좋아하세요?

你喜欢爵士舞吗？
nǐ xǐ huān jué shì wǔ mà
니 씨 환 줴 쓰 우 마

□ 어느 프로그램을 가장 좋아합니까?

你最喜欢看哪个栏目？
nǐ zuì xǐ huān kàn nǎ gè lán mù
니 쭈이 씨 환 칸 나 거 란 무

□ 어떤 날씨를 좋아하세요?

你喜欢什么样的天气？
nǐ xǐ huān shén mè yàng dè tiān qì
니 씨 환 션 머 양 더 티겐 치

좋아하는 것을 말할 때

□ 나는 춤추러 가는 것을 좋아합니다.

我喜欢去舞厅跳舞。
wǒ xǐ huān qù wǔ tīng tiào wǔ
워 씨 환 취 우 팅 탸오 우

□ 나는 음악을 좋아합니다.

我喜欢听音乐。
wǒ xǐ huān tīng yīn yué
워 씨 환 팅 인 위에

□ 나는 비디오게임에 열강적입니다.

我是电脑游戏迷。
wǒ shì diàn nǎo yóu xì mí
워 스 띠엔 나오 여우 씨 기

□ 난 그가 좋아 미칠 지경이야.

我喜欢他喜欢得快要疯了。
wǒ xǐ huān tā xǐ huān dé kuài yào fēng le
워 씨 환 타 씨 환 더 콰이 야오 펑 러

□ 커피보다는 홍차를 마시겠습니다.

喝咖啡还不如喝红茶呢。
hē kā fēi hái bù rú hē hóng chá ní
허 카 페이 하이 뿌 루 허 훙 차 너

□ 토크쇼를 가장 좋아합니다.

最喜欢看访谈节目。
zuì xǐ huān kàn fǎng tán jié mù
쭈이 씨 환 칸 팡 탄 제 무

□ 나는 포도주보다는 맥주가 좋습니다.

比起葡萄酒我更喜欢啤酒一些。
bǐ qǐ pú táo jiǔ wǒ gèng xǐ huān pí jiǔ yī xiē
비 치 푸 타오 지우 워 껑 씨 환 피 지우 이 씨에

싫어하는 것을 말할 때

□ 나는 춤추는 것을 몹시 싫어합니다.

我最讨厌跳舞了。
wǒ zuì tǎo yàn tiào wǔ le
워 쭈이 타오 이엔 탸오 우 러

□ 나는 이런 종류의 음식이 싫습니다.

我不喜欢吃这种类型的食物。
wǒ bù xǐ huān chī zhè zhǒng lèi xíng dè shí wù
워 뿌 씨 환 츠 쩌 중 레이 씽 더 쓰 우

□ 그다지 좋아하지는 않아요.

我并不是太喜欢。
wǒ bìng bú shì tài xǐ huān
워 삥 부 스 타이 씨 환

□ 나는 팝 음악을 싫어해.

我讨厌流行音乐。
wǒ tǎo yàn liú xíng yīn yué
워 타오 이엔 리우 씽 인 위에

근심과 걱정의 표현 

상대의 걱정을 물을 때

□ 무슨 일이야?

什么事啊?
shén me shì a
션 머 쓰 아

□ 뭘 그리 초조해하고 있니?

什么事那么焦心?
shén me shì nà me jiāo xīn
션 머 쓰 나 머 쟈오 씬

□ 무엇 때문에 괴로워하고 있는 거야?

什么事让你这么难过?
shén me shì ràng nǐ zhè me nán guò
션 머 쓰 랑 니 쩌 머 난 궈

□ 걱정되는 일이라도 있으세요?

你有什么忧心事吗?
nǐ yǒu shén me yōu xīn shì ma
니 여우 션 머 여우 씬 쓰 마

□ 무슨 일로 걱정하세요?

你为什么事担忧?
nǐ wéi shén me shì dān yōu
니 웨이 션 머 쓰 딴 여우

□ 집에 무슨 일이 있으세요?

家里有什么事吗?
jiā lǐ yǒu shén me shì ma
쟈 리 여우 션 머 쓰 마

□ 그녀가 안 오면 어떡하죠?

她要是不来可怎么为?
tā yào shì bù lái kě zěn me wéi
타 야오 스 뿌 라이 커 쩐 머 웨이

□ 우울해 보이네요.

看着挺忧郁的。
kàn zhuó tǐng yōu yù dè
칸 쥐 팅 여우 위 더

□ 안색이 형편없군요.

你的脸色很不好啊。
nǐ dè liǎn sè hěn bù hǎo ā
니 더 리엔 써 헌 뿌 하오 아

□ 걱정되는 일이 있었나요?

您有什么焦心事吗?
nín yǒu shén me jiāo xīn shì má
닌 여우 션 머 쟈오 씬 쓰 마

□ 무슨 일이 잘못됐니?

出了什么差错吗?
chū le shén me chā cuò má
추 러 션 머 차 춰 마

□ 저는 이제 어떡하죠?

我该如何是好?
wǒ gaī rú hé shì hǎo
워 까이 루 허 스 하오

□ 한잠도 못 잤어요.

一夜没合眼。
yī yè méi hé yǎn
이 예 메이 허 옌

걱정을
말할 때

□ 요즘 기분이 좋지 않아요.

这几天心情不好。
zhè jǐ tiān xīn qíng bù hǎo
쩌 지 티엔 씬 칭 뿌 하오

□ 오늘은 어쩐지 기분이 이상해요.

今天这心情好古怪。
jīn tiān zhè xīn qíng hǎo gǔ guài
찐 티엔 쩌 씬 칭 하오 구 꽈이

□ 절망적인 기분이야.

心情绝望极了。
xīn qíng jué wàng jí le
씬 칭 줴 왕 지 러

□ 걱정하지 마세요.

您不要担心。
nín bú yào dān xīn
니 부 야오 딴 씬

□ 걱정할 것 없어요.

用不着担心。
yòng bú zháo dān xīn
융 부 쟈오 딴 씬

□ 좋아질 거예요.

会好起来的。
huì hǎo qǐ lái de
후이 하오 치 라이 더

□ 결과에 대해 걱정하지 마세요.

您不用挂念结果。
nín bú yòng guà niàn jié guǒ
닌 부 융 꽈 니엔 제 궈

□ 그런 걱정은 잊어버리세요.

这样的担心干脆忘了吧。
zhè yàng de dān xīn gān cuì wàng le bā
쩌 양 더 딴 씬 깐 추이 왕 러 바

□ 너무 심각하게 받아들이지 마세요.

不要把它想得太重。
bú yào bǎ tā xiǎng dé tài zhòng
부 야오 바 타 썅 더 타이 쭝

□ 긍정적으로 생각하세요.

往好的方向想吧。
wǎng hǎo de fāng xiàng xiǎng bā
왕 하오 더 팡 썅 썅 바

□ 너무 걱정하지 마세요. 다 잘 될 거예요.

用不着担心，都会好起来的。
yòng bù zháo dān xīn　　dōu huì hǎo qǐ lái dè
융 뿌 쟈오 딴 씬　　더우 후이 하오 치 라이 더

□ 자, 힘을 내. 너는 할 수 있어.

来，加把劲，你会做到的！
lái　　jiā bǎ jìn　　nǐ huì zuò dào dè
라이　　쟈 바 찐　　니 후이 쭤 따오 더

□ 그것은 문제없어요.

那没问题。
nà méi wèn tí
나 메이 원 티

□ 기운 내!

加油啊！
jiā yóu ā
쟈 여우 아!

□ 낙담하지 말아요.

不要气馁。
bú yào qì něi
부 야오 치 네이

□ 진정하세요.

你不要激动。
nǐ bú yào jī dòng
니 부 야오 지 똥

□ 걱정말고 말해요.

别担心，说吧。
bié dān xīn　　shuō bā
비에 딴 씬　　쉬 바

□ 보기보다 어렵지 않아요.

比看上去容易一些。
bǐ kàn shàng qù róng yì yī xiē
비 칸 샹 취 롱 이 이 씨에

싸움·욕설의 표현

다툴 때

□ 너 내 말대로 해!

你就听我的!
nǐ jiù tīng wǒ de
니 지우 팅 워 더

□ 그만 해둬, 좀 조용히 해!

算了吧，你们给我安静点！
suàn le ba　　nǐ men gěi wǒ ān jìng diǎn
쑤안 러 바　　니 먼 게이 워 안 찡 디엔

□ 이봐요! 목소리 좀 낮춰요.

我说，你小点声好不好？
wǒ shuō　　nǐ xiǎo diǎn shēng hǎo bú hǎo
워 쉬　　니 쌰오 디엔 셩 하오 부 하오

□ 바보 같은 소리하지 마세요.

不要尽说傻话了。
bú yào jìn shuō shǎ huà le
부 야오 찐 쉬 샤 화 ㄹ

□ 당신, 어떻게 그런 말을 할 수 있죠?

你，怎么能说那种话？
nǐ　　zěn me néng shuō nà zhǒng huà
니　　쩐 머 넝 쉬 나 중 화

□ 당신한테 따질 게 있어요.

我有事跟你算帐。
wǒ yǒu shì gēn nǐ suàn zhàng
워 여우 쓰 껀 니 쑤안 장

□ 무엇 때문에 다투셨어요?

你们到底为什么吵架？
nǐ men dào dǐ wéi shén me chǎo jià
니 먼 따오 디 웨이 션 거 차오 쟈

□ 너 두고 보자!

你等着瞧!
nǐ děng zhù qiáo
니 떵 주 챠오

□ 내가 뭐가 틀렸다는 거야?

你说我有什么错?
nǐ shuō wǒ yǒu shén me cuò
니 쉬 워 여우 션 머 춰

□ 네가 완전히 망쳤어.

你算毁了我了!
nǐ suàn huǐ le wǒ le
니 쑤안 후이 러 워 러

□ 당신이 잘못한 거예요.

这都是你的错。
zhè dōu shì nǐ de cuò
쩌 떠우 스 니 더 춰

□ 잘못한 사람은 바로 당신이오.

做错的是你!
zuò cuò de shì nǐ
쭤 춰 더 스 니

□ 어떻게 그런 말을 할 수 있지요?

你怎么能说出这种话?
nǐ zěn me néng shuō chū zhè zhǒng huà
니 쩐 머 넝 쉬 추 쩌 중 화

□ 그래, 한번 붙어 보자!

好，咱们单挑吧!
hǎo zán men dān tiāo bā
하오 짠 먼 딴 탸오 바

□ 우리 밖에서 한 판 붙자!

干脆到外面去吧!
gān cuì dào wài miàn qù bā
깐 추이 따오 와이 미엔 취 바

□ 덤벼!

放马过来吧!
fàng mǎ guò lái bā
팡 마 꿔 라이 바

□ 넌 더 이상 내 친구가 아냐.

你再也不是我的朋友。
nǐ zài yě bú shì wǒ dè péng yǒu
니 짜이 예 부 스 워 더 펑 여우

□ 다시는 절대 그러지 말게나.

你再也不要这么做了。
nǐ zài yě bú yào zhè mé zuò le
니 짜이 예 부 야오 쩌 머 쭤 러

□ 절대로 안 하겠습니다.

绝对不会的。
jué duì bú huì dè
쥐에 뚜이 부 후이 더

□ 그거 네가 그랬지?

那是你的所为吧?
nà shì nǐ dè suǒ wéi bā
나 스 니 더 쉬 웨이 바

□ 그런 법이 어디 있어요?

哪有这么个理儿?
nǎ yǒu zhè mé gè lǐ r
나 여우 쩌 머 거 리얼

□ 당신 정신 나갔어요?

你昏了头了你?
nǐ hūn le tóu le nǐ
니 훈 러 터우 러 니

□ 그런 식으로 말하지 마세요.

你不要对我这么说活。
nǐ bú yào duì wǒ zhè mé shuō huà
니 부 야오 뚜이 워 쩌 거 쉬 화

□ 흥분하지 마세요.

你不要激动。
nǐ bú yào jī dòng
니 부 야오 지 똥

□ 이제 됐어요.

这下好了。
zhè xià hǎo le
저 샤 호우 러

□ 싸움은 말리지 그랬어요?

你怎么没拉架？
nǐ zěn me méi lā jià
니 쩐 머 메이 라 쨔

□ 진정하세요.

镇静一下。
zhèn jìng yī xià
전 찡 이 쌰

화해할 때

□ 두 사람 화해하세요.

你们俩和解吧。
nǐ mèn liǎ hé jiě bā
니 먼 랴 허 지에 바

□ 그 일은 잊어버리세요.

就把那事给忘了吧。
jiù bǎ nà shì gěi wàng le bā
찌우 바 나 쓰 게이 왕 러 바

□ 남자 대 남자로 이야기합시다.

咱们来一个男人之问的对话。
zán mèn lái yī gè nán rén zhī wèn dè duì huà
짠 먼 라이 이 거 난 런 즈 쥔 더 뚜이 화

□ 네가 동생에게 양보해라.

你给弟弟让一让嘛。
nǐ gěi dì di ràng yī ràng má
니 게이 띠 디 랑 이 랑 마

□ 제기랄!

他妈的!
tā mā de
타 마 더

□ 개새끼!

狗东西!
gǒu dōng xī
꺼우 똥 씨

□ 엿 먹어라!

去你妈的吧!
qù nǐ mā de bā
취 니 마 더 바

□ 빌어먹을!

该死的!
gāi sǐ de
까이 쓰 더

□ 야, 이 18놈(년)아!

你这个傻屄!
nǐ zhè gè shǎ bì
니 쩌 거 샤 비

□ 저런 바보 같으니!

看那个二百五!
kàn nà gè èr bǎi wǔ
칸 나 거 얼 바이 우

□ 벼락맞을 놈!

天打五雷轰!
tiān dǎ wǔ léi hōng
티엔 따 우 레이 홍

□ 욕하지 마세요.

不要骂人!
bú yào mà rén
부 야오 마 런

비난의 표현

가볍게 비난할 때

□ 창피한 줄 아세요.

你不嫌丢脸吗？
nǐ bù xián diū liǎn ma
니 뿌 씨엔 듀 리엔 마

□ 당신 정신 나갔어요?

你这人昏了头了？
nǐ zhè rén hūn le tóu le
니 쩌 런 훈 러 터우 러

□ 당신은 바보로군요.

你真是傻瓜。
nǐ zhēn shì shǎ guā
니 전 스 싸 과

□ 당신 미쳤군요.

你疯了。
nǐ fēng le
니 펑 러

□ 왜 이런 식으로 행동하죠?

你为什么做出这种行动？
nǐ wéi shén me zuò chū zhè zhǒng xíng dòng
니 웨이 썬 머 쭤 추 쩌 종 씽 똥

□ 거봐! 내가 뭐라고 했어?

你看，我说什么来着？
nǐ kàn wǒ shuō shén me lái zhuó
니 칸 워 쉬 션 머 라이 주

□ 그게 어쨌단 말이니?

你说那又怎么的？
nǐ shuō nà yòu zěn me de
니 쉬 나 여우 쩐 머 더

□ 당신이 뭐라도 되는 줄 아세요?

你以为你是老几呀？
nǐ yǐ wéi nǐ shì lǎo jǐ yā
니 이 웨이 니 스 라오 지 야

□ 그는 항상 그런 식이에요.

他总是这么个德性。
tā zǒng shì zhè mé gè dé xìng
타 쭝 스 쩌 머 거 더 씽

□ 너도 마찬가지야!

你也是一路货色！
nǐ yě shì yī lù huò sè
니 예 스 이 루 훠 써

□ 저질!

缺德！
quē dé
췌 더

□ 바보 짓 하지마!

别做傻事了！
bié zuò shǎ shì le
비에 쭤 싸 쓰 러

□ 정말 뻔뻔하군!

太不要脸了！
tài bú yào liǎn le
타이 부 야오 리엔 러

□ 진짜 유치하군.

太幼稚了。
tài yòu zhì le
타이 여우 즈 러

□ 그는 정말 멍청해.

他真是傻到家了。
tā zhēn shì shǎ dào jiā le
타 전 스 싸 따오 쟈 러

□ 뭐라고! 그래 그것도 몰라?

什么！你连这个都不知道？
shén me　　nǐ lián zhè gè dōu bù zhī dào
션 머　　니 리엔 쩌 거 떠우 뿌 즈 따오

□ 나를 바보로 취급하지 마세요.

别把我当成傻瓜。
bié bǎ wǒ dāng chéng shǎ guā
비에 바 워 땅 청 싸 과

□ 당신 할 줄 아는 게 뭐예요?

你这人到底会做什么？
nǐ zhè rén dào dǐ huì zuò shén me
니 쩌 런 따오 디 후이 쭤 션 머

□ 내 탓 하지 마.

不要怪我！
bú yào guài wǒ
부 야오 꽈이 워

□ 난 그렇게 말한 적 없어.

我可没说过那种话。
wǒ kě méi shuō guò nà zhǒng huà
워 커 메이 쉬 궈 나 종 화

□ 그 말을 들으니까 기분 나쁜데.

听见那话真来气。
tīng jiàn nà huà zhēn lái qì
팅 지엔 나 화 쩐 라이 치

□ 무슨 소리하는 거야?

你说什么？
nǐ shuō shén me
니 쉬 썬 머

□ 날 뭘로 생각하는 거야?

你把我当成什么人？
nǐ bǎ wǒ dāng chéng shén me rén
니 바 워 땅 청 썬 머 런

불평·불만의 표현

짜증날 때

□ 진짜 지겹다, 지겨워

真是烦死了，烦透了。
zhēn shì fán sǐ le　fán tòu le
전 스 판 쓰 러　판 터우 러

□ 하는 일에 싫증나지 않으세요?

你不厌倦你做的工作吗？
nǐ bú yàn juàn nǐ zuò de gōng zuò ma
니 부 옌 쥐엔 니 쮀 더 꿍 쮀 마

□ 네, 이젠 진절머리가 나요.

是啊，已经厌倦得不得了。
shì ā　yǐ jīng yàn juàn dé bù dé liǎo
스 아　이 찡 엔 쥐엔 더 뿌 더 랴오

□ 그는 매우 짜증나게 해.

他可讨厌人了。
tā kě tǎo yàn rén le
타 커 타오 옌 런 러

□ 이런 생활에는 이제 넌더리가 나요.

这种日子我早腻了。
zhè zhǒng rì zǐ wǒ zǎo nì le
쩌 종 르 즈 워 짜오 니 러

□ 이젠 일에 싫증이 나요.

这事儿我已经厌倦了。
zhè shì r wǒ yǐ jīng yàn juàn le
쩌 쓰얼 워 이 징 옌 쥐엔 러

□ 정말 스트레스 쌓이는군!

真让人受不了。
zhēn ràng rén shòu bù liǎo
쩐 랑 런 쏘우 부 랴오

□ 따분하죠, 그렇죠?

很腻人，是吧？
hěn nì rén shì bā
헌 니 런 스 바

□ 지겨운 일이군.

真令人厌烦。
zhēn lìng rén yàn fán
쩐 링 런 옌 판

□ 지루해 죽겠어요.

真是无聊死了。
zhēn shì wú liáo sǐ le
쩐 스 우 랴오 쓰 러

□ 정말 짜증스러워요.

真让人讨厌。
zhēn ràng rén tǎo yàn
쩐 랑 런 타오 옌

□ 맥이 빠지는군!

真让人泄气啊。
zhēn ràng rén xiè qì ā
쩐 랑 런 씨에 치 아

□ 이 일은 해도 해도 한이 없군.

这事干来干去没个头。
zhè shì gān lái gān qù méi gè tóu
쩌 쓰 깐 라이 깐 취 메이 거 터우

□ 영어 공부는 너무 싫증 나.

学英语太烦了。
xué yīng yǔ tài fán le
쉐 잉 위 타이 판 러

귀찮을 때

□ 아, 귀찮아.

咳，真讨厌。
hāi zhēn tǎo yàn
하이 쩐 타오 옌

□ 정말 귀찮군.

真是讨厌死了。
zhēn shì tǎo yàn sǐ le
쩐 스 타오 옌 쓰 러

□ 누굴 죽일 생각이세요?

你想烦死人哪?
nǐ xiǎng fán sǐ rén nǎ
니 쌍 판 쓰 런 나

□ 당신은 참 짜증나게 하는군요.

你这人真烦人。
nǐ zhè rén zhēn fán rén
니 쩌 런 전 판 런

불평할 때

□ 또 시작이군.

又来了。
yòu lái le
여우 라이 러

□ 왜 그게 제 탓이죠?

那为什么要怨我?
nà wéi shén me yào yuàr. wǒ
나 웨이 션 머 야오 위인 워

□ 저로서는 불만입니다.

我感到很不满意。
wǒ gǎn dào hěn bù mǎn yì
워 깐 따오 헌 뿌 만 이

□ 나한테 불만 있어요?

你对我有不满?
nǐ duì wǒ yǒu bù mǎr
니 뚜이 워 여우 뿌 만

□ 당신 또 불평이군요.

你这人又发牢骚了。
nǐ zhè rén yòu fā láo sāo le
니 쩌 런 여우 파 라오 싸오 러

□ 당신 태도에 난 너무 불쾌해요.

你这个态度，很让我不快。
nǐ zhè gè tài dù　hěn ràng wǒ bú kuài
니 쩌 거 타이 뚜　헌 랑 워 부 콰이

□ 형편없어.

真不像话。
zhēn bú xiàng huà
쩐 부 썅 화

□ 뭐가 그렇게 불만족스러운가요?

你到底有什么可不满的？
nǐ dào dǐ yǒu shén me kě bù mǎn de
니 따오 디 여우 션 머 커 뿌 만 더

□ 너무 그러지 마.

不要太过分。
bú yào tài guò fēn
부 야오 타이 꿔 펀

□ 불평 불만 좀 그만 해.

你少发点牢骚好不好？
nǐ shǎo fā diǎn láo sāo hǎo bù hǎo
니 샤오 파 디엔 라오 싸오 하오 부 하오

□ 너무 투덜거리지 마!

你不要嘟嘟囔囔的。
nǐ bú yào dū dū náng náng de
니 부 야오 두 두 낭 낭 더

□ 이제 그만 좀 불평해.

不要再发牢骚了。
bú yào zài fā láo sāo le
부 야오 짜이 파 라오 싸오 러

□ 그만 좀 불평해.

少发牢骚。
shǎo fā láo sāo
샤오 파 라오 싸오

아쉬움·후회의 표현

아쉬워할 때

□ 당신에게 그걸 보여주고 싶었는데요.

真应该给你看看那个。
zhēn yīng gāi gěi nǐ kàn kàn nà gè
쩐 잉 까이 게이 니 칸-칸 나 거

□ 그 사람이 실패하다니 정말 안됐군요.

那人竟然失败，真是可惜了。
nà rén jìng rán shī bài　zhēn shì kě xī le
나 런 찡 란 쓰 빠이　쩐 스 커 씨 러

□ 그건 피할 수도 있었는데.

那其实是可避免的。
nà qí shí shì kě bì miǎn de
나 치 쓰 스 커 삐 미엔 더

□ 영어공부를 좀 열심히 했더라면 좋았을 텐데.

当初再用心学英语就好了。
dāng chū zài yòng xīn xué yīng yǔ jiù hǎo le
땅 추 짜이 용 씬 쉐 잉 위 지으 하오 러

□ 네 동정 따윈 필요 없어.

我才不需要你的同情呢。
wǒ cái bú xū yào nǐ de tóng qíng ne
워 차이 부 쉬 야오 니 더 퉁 칭 너

□ 운이 없었을 뿐이야.

不过是少了点运气。
bú guò shì shǎo le diǎn yùn qì
부 꿔 스 샤오 러 디엔 윈 치

□ 난 정말 이곳을 그리워할 거야.

我以后会怀念这个地方的。
wǒ yǐ hòu huì huái niàn zhè gè dì fāng de
워 이 허우 후이 화이 니엔 쩌 거 띠 팡 더

□ 당신에게 그걸 보여주고 싶었는데요.

真应该给你看看那个。
zhēn yīng gāi gěi nǐ kàn kàn nà gè
쩐 잉 까이 게이 니 칸 칸 나 거

□ 그에게 사과했어야 하는 건데.

我应该向他道歉才是。
wǒ yīng gāi xiàng tā dào qiàn cái shì
워 잉 까이 썅 타 따오 치엔 차이 스

□ 일을 저질러 놓고 보니 후회가 막심해요.

真正出事了，真是后悔莫及啊。
zhēn zhèng chū shì le　　zhēn shì hòu huǐ mò jí ā
쩐 쩡 추 쓰 러　　쩐 스 허우 후이 머 지 아

□ 언젠가는 후회할 겁니다.

往后肯定会后悔的。
wǎng hòu kěn dìng huì hòu huǐ de
왕 허우 컨 띵 후이 허우 후이 더

□ 이젠 너무 늦었어.

现在已经太晚了。
xiàn zài yǐ jīng tài wǎn le
씨엔 짜이 이 징 타이 완 러

□ 난 후회하지 않아.

我可不后悔。
wǒ kě bú hòu huǐ
워 커 부 허우 후이

□ 언젠가 너는 그것을 후회하게 될 거야.

你有朝一日肯定会后悔的。
nǐ yǒu zhāo yī rì kěn dìng huì hòu huǐ de
니 여우 자오 이 르 컨 띵 후이 허우 후이 더

□ 나는 이 일을 맡은 것에 대해 결코 후회해 본 적이 없어.

我对承担这件事，从来没有后悔过。
wǒ duì chéng dān zhè jiàn shì　　cóng lái méi yǒu hòu huǐ guò
워 뚜이 청 단 쩌 지엔 쓰　　총 라이 메이 여우 허우 후이 궈

감탄·칭찬의 표현

감탄할 때

□ 멋지네요!

太壮观了!
tài zhuàngguān le
타이 주앙 관 러

□ 훌륭합니다.

太好了!
tài hǎo le
타이 하오 러

□ 와, 정말 아름답네요!

哇，真是太美了!
wā　zhēn shì tài měi le
와　쩐 스 타이 메이 러

□ 맛있네요!

太好吃了!
tài hǎo chī le
타이 하오 츠 러

□ 잘했어요!

干得好!
gàn dé hǎo
깐 더 하오

□ 재미있네요!

太有意思了!
tài yǒu yì sī le
타이 여우 이 쓰 러

□ 엄청나네요!

乖乖，真了不得!
guāi guāi　zhēn liǎo bù dé
과이 과이　쩐 랴오 뿌 더

□ 대단하군요!

真了不起!
zhēn liǎo bù qǐ
쩐 랴오 부 치

□ 잘 하시는군요.

你真不错。
nǐ zhēn bú cuò
니 쩐 부 춰

□ 정말 훌륭하군요!

真是太好了。
zhēn shì tài hǎo le
쩐 스 타이 하오 러

□ 참 잘하셨어요.

你干得太出色了。
nǐ gàn dé tài chū sè le
니 깐 더 타이 추 써 러

□ 그렇지요, 그렇게 해야지요.

对呀，就该那么做。
duì yā   jiù gāi nà mè zuò
뚜이 야   지우 까이 나 머 쭤

□ 나는 당신이 자랑스럽습니다.

我为你骄傲。
wǒ wéi nǐ jiāo ào
워 웨이 니 쟈오 아오

□ 그녀는 손재주가 좋아요.

她手很巧。
tā shǒu hěn qiǎo
타 쇼우 헌 챠오

□ 정말 잘했어요.

你干得真好。
nǐ gàn dé zhēn hǎo
니 깐 더 쩐 하오

□ 아주 잘 하고 있어요.

你们现在干得很好。
nǐ mén xiàn zài gàn dé hěn hǎo
니 먼 씨엔 짜이 깐 더 헌 하오

□ 당신은 정말 신사이군요.

你真是个绅士。
nǐ zhēn shì gè shēn shì
니 쩐 스 거 션 쓰

□ 멋있군요.

真帅。
zhēn shuài
쩐 쏴이

□ 참 멋지군요.

真潇洒。
zhēn xiāo sǎ
쩐 샤오 싸

□ 나이에 비해 젊어 보이시는군요.

你比年龄年轻多了。
nǐ bǐ nián líng nián cīng duō le
니 비 니엔 링 니엔 칭 뚸 러

□ 아이가 참 귀엽군요!

这孩子真可爱。
zhè hái zǐ zhēn kě ài
쩌 하이 즈 쩐 커 아이

□ 당신은 눈이 참 예쁘군요.

你的眼镜好漂亮啊。
nǐ dè yǎn jìng hǎo piāo liàng ā
니 더 옌 징 하오 퍄오 량 아

□ 신체가 좋습니다.

身体很好。
shēn tǐ hěn hǎo
션 티 헌 하오

□ 건강해 보이시는군요.

看起来很健康。
kàn qǐ lái hěn jiàn kāng
칸 치 라이 헌 지엔 캉

□ 어쩜 그렇게 날씬하세요?

你怎么那么苗条?
nǐ zěn me nà me miáo tiáo
니 쩐 머 나 머 먀오 탸오

□ 그거 참 잘 어울립니다.

这跟你很配。
zhè gēn nǐ hěn pèi
쩌 껀 니 헌 페이

□ 나는 당신에게 반했습니다.

我叫你迷住了。
wǒ jiào nǐ mí zhù le
워 쟈오 니 미 주 러

□ 인기가 대단하시겠어요.

你这人肯定大有人气。
nǐ zhè rén kěn dìng dà yǒu rén qì
니 쩌 런 컨 띵 따 여우 런 치

□ 기억력이 참 좋으시군요.

你的记忆力可真好。
nǐ de jì yì lì kě zhēn hǎo
니 더 찌 이 리 커 쩐 하오

□ 당신은 능력이 대단하시군요.

您真有能力呀。
nín zhēn yǒu néng lì yā
닌 쩐 여우 넝 리 야

□ 중국어를 훌륭히 구사하시는군요.

中国语说得真流利啊。
zhōng guó yǔ shuō de zhēn liú lì a
쭝 궈 위 숴 더 쩐 리우 리 아

□ 그는 정말 머리가 좋아요.

他的头脑真好。
tā de tóu nǎo zhēn hǎo
타 더 토우 나오 쩐 하오

□ 그는 똑똑한 사람이에요.

他是个明智的人。
tā shì gè míng zhì de rén
타 스 거 밍 쯔 더 런

□ 그는 재치가 있어요

他这人可巧了。
tā zhè rén kě qiǎo le
타 쩌 런 커 챠오 러

□ 그녀는 소질이 있어요.

她挺有素质的。
tā tǐng yǒu sù zhì de
타 팅 여우 쑤 즈 더

□ 당신은 모르는 게 없군요.

你真是无所不知啊。
nǐ zhēn shì wú suǒ bù zhī a
니 쩐 스우 쉬 뿌즈 아

□ 못하는 게 없으시군요.

你真是无所不能啊。
nǐ zhēn shì wú suǒ bù néng a
니 쩐 스우 쉬 뿌 늠 아

□ 그거 잘 사셨군요.

你算是买对了。
nǐ suàn shì mǎi duì le
니 쏸 스 마이 뚜이 러

□ 그거 정말 좋은데요.

那真的很好啊。
nà zhēn de hěn hǎo a
나 쩐 더 헌 하오 아

□ 정말 근사한데요.

真是不错。
zhēn shì bù cuò
쩐 스 뿌 춰

□ 멋진 집을 갖고 계시군요.

你的房子好漂亮啊。
nǐ dè fáng zǐ hǎo piāo liàng ā
니 더 팡 즈 하오 퍄오 량 아

□ 그게 더 근사하네요.

那个更好一些。
nà gè gēng hǎo yī xiē
나 거 껑 하오 이 씨에

□ 친절도 하시네요.

您真亲切。
nín zhēn qīn qiē
닌 쩐 친 치에

□ 당신은 참 부지런하시군요.

你真是太勤快了。
nǐ zhēn shì tài qín kuài le
니 쩐 스 타이 친 콰이 러

□ 칭찬해 주시니 고맙습니다.

谢谢您的夸奖。
xiè xie nín dè kuā jiǎng
씨에 시에 닌 더 콰 쟝

□ 과찬의 말씀입니다.

您过奖了。
nín guò jiǎng le
닌 꿔 쟝 러 .

□ 너무 치켜세우지 마세요.

不要捧得太高。
bú yào fèng dé tài gāo
부 야오 펑 더 타이 까오

사교에 관한 표현

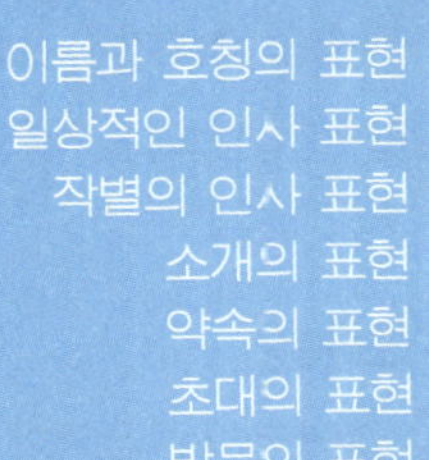

이름과 호칭의 표현

| 이름을 묻고
말할 때 | □ 이름이 뭡니까? |

您贵姓?
nín guì xìng
닌 꾸이 씽

□ 홍길동입니다.

我叫洪吉童。
wǒ jiào hóng jí tóng
워 쟈오 홍 지 통

□ 이름은?

名字呢?
míng zì ní
밍 즈 너

□ 성함을 알 수 있을까요?

可以问您姓名吗
kě yǐ wèn nín xìng míng má
커이 원 닌 씽 밍 마

□ 이름을 좀 알려 주시겠습니까?

能告诉您的名字吗?
néng gào sù nín dè míng zì má
넝 까오 쑤 닌 더 밍 즈 마

□ 별명이 있나요?

有没有什么绰号?
yǒu méi yǒu shén mè chuò hào
여우 메이 여우 션 머 춰 하오

□ 홍이라고 불러 주세요.

您就叫我洪。
nín jiù jiào wǒ hóng
닌 지우 쟈오 워 홍

사람을 부를 때

□ 이름(성)을 다시 말씀해 주세요?

请再说一遍名字(姓)好吗?
qǐng zài shuō yī biàn míng zì xìng hǎo ma
칭 짜이 쉬 이 삐엔 밍 즈 (씽) 하오 마

□ 왕 씨. (남자를 지칭할 때)

王先生。
wáng xiān shēng
왕 씨엔 성

□ 왕 씨 부인. (결혼한 타인의 부인을 지칭할 때)

王夫人(王太太)。
wáng fū rén wáng tài tài
왕 푸 런 (왕 타이 타이)

□ 리리 양. (미혼인 여성을 지칭할 때)

莉莉小姐。
lì lì xiǎo jiě
리 리 쌰오 지에

□ 아빠! / 아버지!

爸爸! / 父亲!
bà bà fù qīn
빠 바 / 푸 친

□ 엄마 / 어머니

妈妈! / 母亲!
mā mā mǔ qīn
마 마 / 무 친

모르는 사람을 부를 때

□ 어떻게 불러야 하나요?

不知该怎么称呼?
bù zhī gaī zěn mė chēng hū
뿌 즈 까이 쩐 머 청 후

□ 저, 여보세요. (모르는 남자를 부를 때)

哦, 我说。
ó wǒ shuō
어 워 쉬

☐ 이봐! (아랫사람이나 친근한 사이에 쓰임)

喂！
wèi
웨이

☐ 거기 너!

那边那人！
nà biān nà rén
나 비엔 나 런

☐ 신사 숙녀 여러분!

女士们先生们！
nǚ shì mèn xiān shēng mèn
뉘 쓰 먼 씨엔 성 먼

☐ 여러분!

诸位！
zhū wèi
주 웨이

☐ 의사 선생님!

大夫！
dà fū
따이 푸

☐ 경관님!

警察先生！
jǐng chá xiān shēng
징 차 씨엔 성

☐ 교수님!

教授先生！
jiào shòu xiān shēng
쟈오 쇼우 씨엔 성

☐ 이 선생님!

李先生！
lǐ xiān shēng
리 씨엔 성

일상적인 인사 표현

아침에 만났을 때

□ 안녕하세요?

你好。
nǐ hǎo
니 하오

□ 안녕하세요? *정중한 연사말

您好。
nín hǎo
닌 하오

□ 안녕하세요? / 안녕히 주무셨어요?

(你)早。
nǐ zǎo
니 자오

□ 어디에 가니?

去哪儿啊？
qù nǎ r ā
취 날 아

저녁에 만났을 때

□ 안녕하세요?

晚上好！
wǎn shàng hǎo
완 샹 하오

□ 시간이 늦었습니다. 쉬세요.

时候儿不早了。
shí hòu r bù zǎo le
스 허울 뿌 자오 러

□ 안녕히 주무세요.

晚安！
wǎn ān
완 안

□ 요즘 어떻게 지내니?

最近怎么样？
zuì jìn zěn me yàng
쭈이 진 쩐 머 양

□ 잘 지내니?

还好吗？
hái hǎo ma
하이 하오 마

□ 건강하세요?

你身体好吗？
nǐ shēn tǐ hǎo ma
니 션 티 하오 마

□ 응, 덕분에 잘 지내.

不错，挺好的。
bú cuò   tǐng hǎo de
부 춰   팅 하오 더

□ 별로 좋지 않습니다.

不是太好。
bú shì tài hǎo
부 스 타이 하오

□ 별로 편하지 못합니다.

不太舒服。
bú tài shū fú
부 타이 수 푸

□ 그럭저럭 지냅니다.

马马虎虎。
mǎ mǎ hū hū
마 마 후 후

□ 여전합니다.

还是老样子。
hái shì lǎo yàng zǐ
하이 스 라오 양 쯔

□ 오랜만입니다.

好久不见了。
hǎo jiǔ bù jiàn le
하오 지우 부 지엔 러

□ 몇 년 만이죠?

有几年了?
yǒu jǐ nián le
여우 지 니엔 러

□ 여전하구나.

你一点没变啊！
nǐ yì diǎn méi biàn a
니 이 디엔 메이 삐엔 다

□ 오랜만이군요. 어떻게 지냈어요?

好久不见，过得怎么样？
hǎo jiǔ bù jiàn guò de zěn me yàng
하오 지우 부 지엔 꾸오 더 쩐 머 양

□ 못 알아보게 변했군요.

都快认不出你了。
dōu kuài rèn bù chū nǐ le
떠우 콰이 런 뿌 추 니 러

□ 오랫동안 만나 뵙지 못했네요.

好久没有见面。
hǎo jiǔ méi yǒu jiàn miàn
하오 지우 메이 여우 지엔 미엔

□ 생각이 많이 났습니다.

挺想你的。
tǐng xiǎng nǐ de
팅 썅 니 더

□ 어떻게 여기에 계십니까?

你怎么也在这儿？
nǐ zěn me yě zài zhè r
니 쩐 머 예 짜이 쩔

□ 어떻게 여기에 오셨습니까?

你怎么到这儿来了?
nǐ zěn mě dào zhè r lái le
니 쩐 머 따오 쩔 라이 러

□ 지금 어디서 일하고 있니?

你现在哪儿呢?
nǐ xiàn zài nǎ r ne
니 씨엔 짜이 날 너

□ 예뻐졌구나.

你变漂亮了。
nǐ biàn piāo liàng le
니 삐엔 퍄오 량 러

□ 많이 변했구나.

你变样了。
nǐ biàn yàng le
니 삐엔 양 러

□ 가족 모두 안녕하신가요?

你家里人都好吗?
nǐ jiā lǐ rén dōu hǎo ma
니 쟈 리 런 떠우 하오 마

□ 부인께서도 안녕하시지요?

你的爱人也好吧?
nǐ dě ài rén yě hǎo bā
니 더 아이 런 예 하오 바

□ 당신의 아이는 어떠세요?

你的孩子怎么样?
nǐ dě hái zi zěn mě yàng
니 더 하이 즈 쩐 머 양

□ 어머님께 안부 전해 주세요.

向你母亲问好?
xiàng nǐ mǔ qīn wèn hǎo
쌍 니 무 친 원 하오

작별의 인사 표현

자리에서 일어날 때

□ 먼저 실례하겠습니다.

我先告辞了。
wǒ xiān gào cí le
워 씨엔 까오 츠 러

□ 먼저 가보겠습니다.

我先回去了。
wǒ xiān huí qù le
워 씨엔 후이 취 러

□ 저는 이만 실례하겠습니다.

我马上要回去了!
wǒ mǎ shàng yào huí qù le
워 마 상 야오 후이 취 러

□ 이만 일어서겠습니다.

我先失陪了。
wǒ xiān shī péi le
워 씨엔 스 페이 러

헤어질 때

□ 안녕히 계세요(가세요).

再见!
zài jiàn
짜이 지엔

□ 내일 봐요.

明天见。
míng tiān jiàn
밍 티엔 지엔

□ 나중에 봐요.

回头见。
huí tóu jiàn
후이 터우 지엔

□ 나중에 또 만납시다.

咱们后会有期!
zán mèn hòu huì yǒu qī
짠 먼 허우 후이 여우 취

□ 나중에 다시 만날 수 있기를 바랍니다.

希望以后有机会再见!
xī wàng yǐ hòu yǒu jī huì zài jiàn
씨 왕 이 허우 여우 지 후이 짜이 지엔

□ 조심해 가세요.

请慢走。
qǐng màn zǒu
칭 만 조우

□ 자주 놀러오세요.

有空常来。
yǒu kōng cháng lái
여우 콩 창 라이

□ 시간이 있으면 놀러 오세요.

有时间过来玩。
yǒu shí jiān guò lái wán
여우 스 지엔 꿔 라이 완

□ 나중에 다시 만났으면 좋겠어요.

希望还能见面。
xī wàng hái néng jiàn miàn
씨 왕 하이 넝 지엔 미엔

□ 도착하면 편지 주세요.

到了以后给我来封信。
dào le yǐ hòu gěi wǒ lái fēng xìn
따오 러 이 허우 게이 워 라이 펑 씬

□ 성공을 빌겠습니다.

祝你成功。
zhù nǐ chéng gōng
쭈 니 청 꿍

□ 가끔 전화 주세요.

请常来电话。
qǐng cháng lái diàn huà
칭 창 라이 띠엔 화

□ 얘기 즐거웠어요.

跟你谈话真愉快。
gēn nǐ tán huà zhēn yú kuài
껀 니 탄 화 쩐 위 콰이

□ 조만 간에 또 놀러 오세요.

请您找机会再来。
qǐng nín zhǎo jī huì zài lái
칭 닌 자오 지 후이 짜이 라이

□ 나중에 저희 집으로 초대하고 싶은데요.

我想请您到我家做客。
wǒ xiǎng qǐng nín dào wǒ jiā zuò kè
워 쌍 칭 닌 따오 워 쟈 쮀 커

□ 종종 연락할게요.

我会常跟您联系。
wǒ huì cháng gēn nín lián xì
워 후이 창 껀 닌 리엔 씨

□ 당신 가족에게 제 안부 전해 주세요.

请给你的家人带个好。
qǐng gěi nǐ dè jiā rén dài gè hǎo
칭 게이 니 더 쟈 런 따이 거 하오

□ 아무쪼록 가족들에게 안부 부탁합니다.

拜托您给您的家人带个好。
bài tuō nín gěi nín dè jiā rén dài gè hǎo
바이 퉈 닌 게이 닌 더 쟈 런 따오 거 하오

□ 당신 아내에게 안부 전해 주세요.

请给您夫人带个好。
qǐng gěi nín fū rén dài gè hǎo
칭 게이 닌 푸 런 따이 거 하오

소개의 표현

처음 만났을 때의 인사

□ 제 소개부터 하겠습니다.

我先自我介绍一下儿。
wǒ xiān zì wǒ jiè shào yī xià r
워 씨엔 쯔 워 지에 샤오 이 씨알

□ 만나서 반갑습니다.

见到你很高兴!
jiàn dào nǐ hěn gāo xīng
지엔 따오 니 헌 까오 씽

□ 전부터 들어 잘 알고 있습니다.

久仰久仰。
jiǔ yǎng jiǔ yǎng
지우 양 지우 양

□ 성함은 많이 들었습니다.

久闻大名。
jiǔ wén dà míng
지우 원 따 밍

□ 당신을 만나서 저도 무척 기쁩니다.

认识你我也很高兴!
rèn shí nǐ wǒ yě hěn gāo xīng
런 스 니 워 예 헌 까오 씽

□ 알게 되어 기쁩니다.

认识你很高兴。
rèn shí nǐ hěn gāo xīng
런 스 니 헌 까오 씽

□ 앞으로 잘 부탁드립니다.

今后，请多帮助。
jīn hòu　qǐng duō bāng zhù
찐 허우　칭 뚸 빵 주

□ 성함이 어떻게 되십니까?

您贵姓?
nín guì xìng
닌 꾸이 씽

□ 당신의 이름은 무엇입니까?

你的名字是什么?
nǐ de míng zì shì shén me
니 더 밍 즈 스 션 머

□ 존함을 여쭤도 되겠습니까?

请问你的尊姓大名?
qǐng wèn nǐ de zūn xìng dà míng
칭 원 니 더 쭌 씽 따 밍

□ 저는 장군이라고 합니다.

我叫张军。
wǒ jiào zhāng jūn
워 쟈오 장 쥔

□ 저는 성이 왕이고, 왕력이라고 합니다.

我姓王，叫王力。
wǒ xìng wáng   jiào wáng lì
워 씽 왕   쟈오 왕 리

□ 이것은 제 명함입니다.

这是我的名片。
zhè shì wǒ de míng piàn
쩌 스 워 더 밍 피엔

□ 잘 부탁드립니다.

请多关照。
qǐng duō guān zhào
칭 뚸 꾸안 자오

□ 저 분은 누구입니까?

那位是谁?
nà wèi shì shéi
나 웨이 스 쉐이

123

□ 제 소개를 할까요?

我能介绍自己吗?
wǒ néng jiè shào zì jǐ má
워 넝 지에 샤오 쯔 지 마

□ 제 소개를 하겠습니다.

我介绍一下自己。
wǒ jiè shào yī xià zì jǐ
워 지에 샤오 이 쌰 쯔 지

□ 저희 집은 대(소)가족입니다.

我家是个大(小)家族。
wǒ jiā shì gè dà xiǎo jiā zú
워 쟈 스 거 따 (쌰오) 쟈 주

□ 저는 부모님과 함께 살고 있습니다.

我跟父母一起过。
wǒ gēn fù mǔ yī qǐ guò
워 껀 푸 무 이 치 꿔

□ 전 독자입니다.

我是个独生子
wǒ shì gè dú shēng zǐ
워 스 거 두 셩 즈

□ 전 장남입니다.

我是长子。
wǒ shì cháng zǐ
워 스 창 즈

□ 전 맏딸입니다.

我是长女。
wǒ shì cháng nǚ
워 스 창 뉘

□ 전 독신입니다.

我还是单身。
wǒ hái shì dān shēn
워 하이 스 딴 션

□ 두 분이 서로 인사 나누셨습니까?

你们俩打过招呼了？
nǐ mén liǎ dǎ guò zhāo hū le
니 먼 랴 따 궈 쟈오 후 라

□ 이쪽은 제 동료인 옹·문입니다.

这是我同事王文。
zhè shì wǒ tóng shì wáng wén
쩌 스 워 퉁 쓰 왕 원

□ 저는 왕문이고 이쪽은 제 아내입니다.

我叫王文，这是我妻子。
wǒ jiào wáng wén   zhè shì wǒ qī zǐ
워 쟈오 왕 원   쩌 스 워 치 즈

□ 전에 한번 뵌 적이 있는 것 같습니다.

我们好像见过一面。
wǒ mén hǎo xiàng jiàn guò yī miàn
워 먼 하오 썅 지엔 꿔 이 미엔

□ 저 사람이 바로 당신이 말하던 그 사람입니까?

他就是您常提起过的那个人吗？
tā jiù shì nín cháng tí qǐ guò de nà gè rén ma
타 지우 스 닌 창 티 치 궈 더 나 거 런 마

□ 오래 전부터 한번 찾아뵙고 싶었습니다.

久仰大名，早就想拜见您。
jiǔ yǎng dà míng   zǎo jiù xiǎng bài jiàn nín
지우 양 따 밍   쟈오 지우 썅 빠이 지엔 닌

□ 우린 여러 번 당신 이야길 했었지요.

我们常常谈起您。
wǒ mén cháng cháng tán qǐ nín
워 먼 창 창 탄 치 닌

□ 선생님 말씀 많이 들었습ㄴ다.

我常听人提起先生您。
wǒ cháng tīng rén tí qǐ xiān shēng nín
워 창 팅 런 티 치 씨엔 성 닌

□ 저는 샘 실업에 근무하고 있습니다.

我在清泉实业工作。
wǒ zài qīng quán shí yè gōng zuò
워 짜이 칭 취엔 쓰 예 꿍 줘

□ 우리 좋은 친구가 되었으면 합니다.

希望我们能够成为好朋友。
xī wàng wǒ mén néng gòu chéng wéi hǎo péng yǒu
씨 왕 워 먼 넝 꺼우 청 웨이 하오 펑 여우

□ 명함 한 장 주시겠어요?

能给我一张名片吗?
néng gěi wǒ yī zhāng míng piàn mǎ
넝 게이 워 이 쨩 밍 피엔 마

□ 이건 제 명함입니다.

这是我的名片。
zhè shì wǒ dè míng piàn
쩌 스 워 더 밍 피엔

□ 만나서 매우 반가웠습니다.

见到您太高兴了。
jiàn dào nín tài gāo xīng le
지엔 따오 닌 타이 까오 씽 러

□ 어디서 오셨습니까?

您从什么地方来?
nín cóng shén mè dì fāng lái
닌 총 션 머 띠 팡 라이

□ 고향이 어디십니까?

您老家是哪里?
nín lǎo jiā shì nǎ lǐ
닌 라오 쟈 스 나 리

□ 어느 나라 분이십니까?

请问您是哪国人?
qǐng wèn nín shì nǎ guó rén
칭 원 닌 스 나 궈 런

약속의 표현

**만남을
제의할 때**

□ 시간이 있으세요?

您看有时间吗?
nín kàn yǒu shí jiān mà
닌 칸 여우 스 지엔 마

□ 만나고 싶은데요.

我想与您见面。
wǒ xiǎng yǔ nín jiàn miàn
워 씨앙 위 닌 지엔 미엔

□ 이쪽으로 와주실 수 없으세요?

您能不能到我这里来?
nín néng bú néng dào wǒ zhè lǐ lái
닌 넝 부 넝 따오 워 쩌 리 라이

□ 잠깐 만날 수 있을까요?

我能见见你吗?
wǒ néng jiàn jiàn nǐ mà
워 넝 지엔 지엔 니 마

□ 내일 한번 만날까요?

明天咱们见个面?
míng tiān zán men jiàn gè miàn
밍 티엔 잔 먼 지엔 거 미엔

□ 언제 한번 만나요.

找时间见个面吧。
zhǎo shí jiān jiàn gè miàn bā
자오 쓰 지엔 지엔 거 미엔 바

□ 내일 약속 있으세요?

明天有没有约会?
míng tiān yǒu méi yǒu yuē huì
밍 티엔 여우 메이 여우 위에 후이

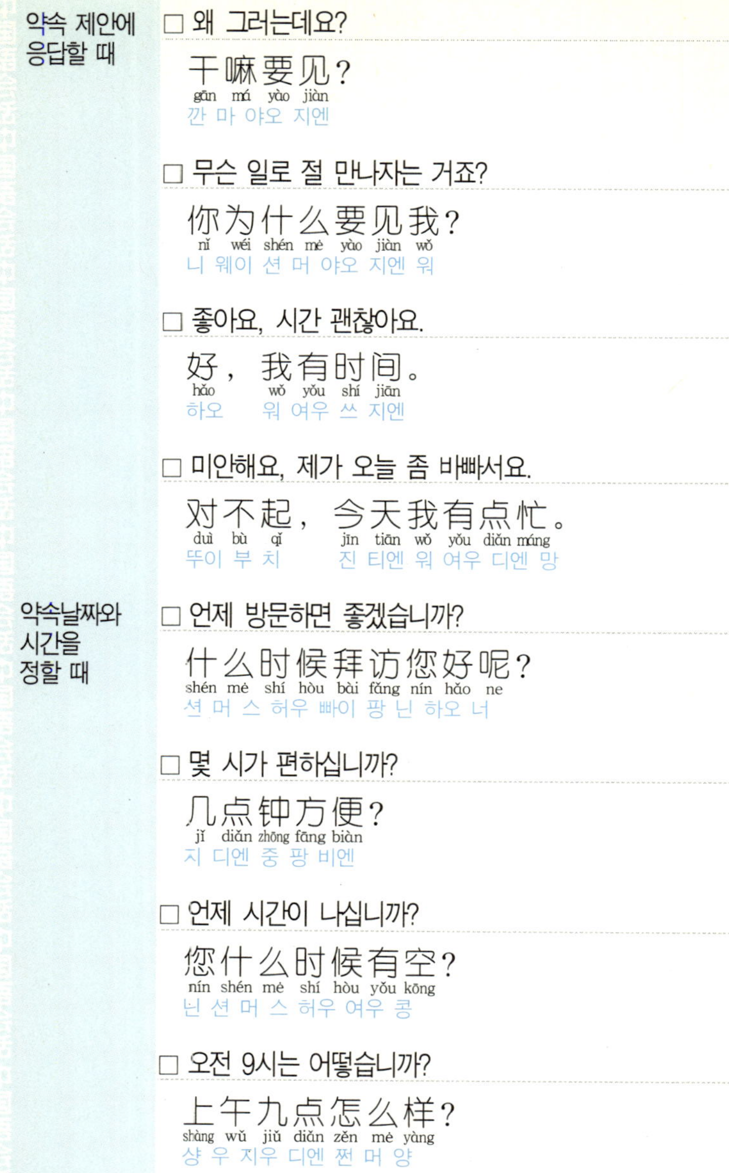

□ 왜 그러는데요?

干嘛要见?
gān má yào jiàn
깐 마 야오 지엔

□ 무슨 일로 절 만나자는 거죠?

你为什么要见我?
nǐ wéi shén me yào jiàn wǒ
니 웨이 션 머 야오 지엔 워

□ 좋아요, 시간 괜찮아요.

好，我有时间。
hǎo wǒ yǒu shí jiān
하오 워 여우 쓰 지엔

□ 미안해요, 제가 오늘 좀 바빠서요.

对不起，今天我有点忙。
duì bù qǐ jīn tiān wǒ yǒu diǎn máng
뚜이 부 치 진 티엔 워 여우 디엔 망

□ 언제 방문하면 좋겠습니까?

什么时候拜访您好呢?
shén me shí hòu bài fǎng nín hǎo ne
션 머 스 허우 빠이 팡 닌 하오 너

□ 몇 시가 편하십니까?

几点钟方便?
jǐ diǎn zhōng fāng biàn
지 디엔 중 팡 비엔

□ 언제 시간이 나십니까?

您什么时候有空?
nín shén me shí hòu yǒu kōng
닌 션 머 스 허우 여우 콩

□ 오전 9시는 어떻습니까?

上午九点怎么样?
shàng wǔ jiǔ diǎn zěn me yàng
샹 우 지우 디엔 쩐 머 양

128

□ 어느 정도 시간을 너주실 수 있습니까?

能抽出多长时间?
néng chōu chū duō cháng shí jiān
넝 처우 추 뚸 창 스 지엔

□ 어디서 뵐까요?

我们在什么地方见面?
wǒ mèn zài shén me dì fāng jiàn miàn
워 먼 짜이 션 머 띠 땅 지엔 ㅁ엔

□ 장소는 어디가 좋을까요?

在哪儿见面好呢?
zài nǎ r jiàn miàn hǎo ne
짜이 날 지엔 미엔 하으 너

□ 이곳으로 올 수 있습니까?

你能到这里来吗?
nǐ néng dào zhè lǐ lái mà
니 넝 따오 쩌 리 라이 마

□ 그곳이 좋을 것 같습니다.

我看那个地方好。
wǒ kàn nà gè dì fāng hǎo
워 칸 나 꺼 띠 팡 하오

□ 날짜를 변경해 주시겠습니까?

请改一下日子, 好吗?
qǐng gǎi yī xià rì zǐ hǎo mà
칭 까이 이 씨아 르 쯔 하오 마

□ 미안하지만, 오늘 갈 수 없게 되었습니다.

很抱歉, 今天我去不了了。
hěn bào qiàn jīn tiān wǒ qù bù liǎo le
헌 빠오 치엔 찐 티엔 워 취 뿌 랴오 러

□ 문제가 좀 생겨서 방문을 할 수 없습니다.

出了些问题, 我不能拜访您了。
chū le xiē wèn tí wǒ bù néng bài fǎng nín le
추 러 씨에 원 티 워 뿌 겅 빠이 팡 닌 러

초대의 표현

초대할 때

□ 함께 저녁식사를 합시다.

一起吃晚饭吧。
yī qǐ chī wǎn fàn bā
이 치 츠 완 판 바

□ 내일 저희 집에 놀러 오십시오.

明天请到我家来玩儿吧。
míng tiān qǐng dào wǒ jiā lái wán r bā
밍 티엔 칭 따오 워 쟈 라이 왈 바

□ 저희 집에 놀러 오세요.

请您来我家作客。
qǐng nín lái wǒ jiā zuò kè
칭 닌 라이 워 쟈 쭤 커

□ 점심을 대접하고 싶습니다.

我想请你吃午饭。
wǒ xiǎng qǐng nǐ chī wǔ fàn
워 쌍 칭 니 츠 우 판

□ 술을 대접하고 싶습니다.

我想请你喝酒。
wǒ xiǎng qǐng nǐ hē jiǔ
워 쌍 칭 니 흐어 지우

□ 오늘은 제가 한턱내겠습니다.

今天我请客。
jīn tiān wǒ qǐng kè
찐 티엔 워 칭 커

□ 6시에 마중을 나가겠습니다.

六点钟我去接你。
liù diǎn zhōng wǒ qù jiē nǐ
리우 디엔 중 워 취 지에 니

□ 좋습니다. 가겠습니다.

好，我愿意去。
hǎo　　wǒ yuàn yì qù
하오　　워 위엔 이 취

□ 네, 기꺼이 가겠습니다.

是，我乐意去。
shì　　wǒ lè yì qù
스　　워 러 이 취

□ 기꺼이 방문하겠습니다.

我乐意拜访您。
wǒ lè yì bài fǎng nín
워 러 이 빠이 팡 닌

□ 죄송합니다만, 다른 약속이 있습니다.

抱歉，我有别的约会。
bào qiàn　　wǒ yǒu bié dè yuē huì
빠오 치엔　　워 여우 비에 더 위어 후이

□ 그 날 저는 스케줄이 있습니다.

那天我有个安排。
nà tiān wǒ yǒu gè ān pái
나 티엔 워 여우 거 안 파이

□ 감사하지만, 됐습니다.

谢谢，我看免了吧。
xiè xie　　wǒ kàn miǎn le bā
씨에 시에　　워 칸 미엔 러 바

□ 몸이 안 좋습니다.

我不舒服。
wǒ bù shū fú
워 뿌 수 푸

□ 오늘은 너무 바쁩니다.

今天我太忙了。
jīn tiān wǒ tài máng le
찐 티엔 워 타이 망 러

방문의 표현

방문지에서

☐ 편히 하세요.

随便一点。
suí biàn yī diǎn
쑤이 비엔 이 디엔

☐ 아무데나 편하게 앉으세요.

请随便坐。
qǐng suí biàn zuò
칭 쑤이 비엔 쭤

☐ 편하게 제집처럼 여기세요.

别客气，你就当是自己的家。
bié kè qì   nǐ jiù dāng shì zì jǐ dè jiā
비에 커 치   니 지우 땅 스 쯔 지 더 쟈

초대에 대한 감사

☐ 초대해주셔서 고맙습니다.

谢谢你的招待。
xiè xie nǐ dè zhāo dài
씨에 시에 니 더 자오 따이

☐ 초대를 해주셔서 영광입니다.

很荣幸能够接受你的邀请。
hěn róng xìng néng gòu jiē shòu nǐ dè yāo qǐng
헌 룽 씽 넝 꺼우 지에 쇼우 니 더 야오 칭

☐ 와주셔 감사합니다.

谢谢你的光临。
xiè xiè nǐ dè guāng lín
씨에 시에 니 더 꽝 린

마실 것을 권할 때

☐ 차 드세요.

请喝茶。
qǐng hē chá
칭 흐어 차

□ 물 드세요.

请喝杯水。
qǐng hē bēi shuǐ
칭 허 뻬이 수이

□ 뭘 드시겠어요?

您要喝点儿什么？
nín yào hē diǎn r shén me
닌 야오 허 디알 션 머

□ 커피 한 잔 끓여드릴게요.

我给您煮杯咖啡吧。
wǒ gěi nín zhǔ bēi kā fēi ba
워 게이 닌 주 뻬이 카 피이 바

□ 녹차 한 잔 하시겠어요?

要不要来一杯绿茶？
yào bù yào lái yì bēi lǜ chá
야오 부 야오 라이 이 뻬기 뤼 차

□ 음료수 한 잔 마시겠어요?

来一杯饮料怎么样？
lái yì bēi yǐn liào zěn me yàng
라이 이 뻬이 인 랴오 쩐 머 양

□ 집에 가야겠습니다.

我该回家了。
wǒ gāi huí jiā le
워 까이 후이 쟈 러

□ 아닙니다. 당신도 쉬어야죠.

不了，你也该休息了。
bù le nǐ yě gāi xiū xī le
뿌 러   니 예 까이 쎄우 시 러

□ 늦었는데 이만 가봐야겠습니다.

时间不早了，我得告辞了。
shí jiān bù zǎo le wǒ dě gào cí le
스 지엔 뿌 짜오 러   워 더 까으 츠 러

□ 시간을 너무 빼앗고 싶지 않습니다.

我不想占用你太多时间。
wǒ bù xiǎng zhān yòng nǐ tài duō shí jiān
워 뿌 썅 잔 융 니 타이 뛰 스 지엔

□ 융숭한 대접에 감사드립니다.

谢谢你的盛情款待。
xiè xie nǐ dè shèng qíng kuǎn dài
씨에 시에 니 더 셩 칭 콴 따이

□ 어떻게 감사드려야 할 지 모르겠습니다.

我用车送你吧。
wǒ yòng chē sòng nǐ bā
워 융 처 쏭 니 바

□ 지금 가신다는 말씀이세요?

你这就要走?
nǐ zhè jiù yào zǒu
니 쩌 지우 야오 조우

□ 좀더 계시다 가세요.

再多坐一会儿吧!
zài duō zuò yī huì r ba
짜이 뛰 쭤 이 후알 바

□ 그럼, 더 이상 붙들지 않겠습니다.

那我就不在挽留你了。
nà wǒ jiù bú zài wǎn liú nǐ le
나 워 지우 부 짜이 완 리우 니 러

□ 아직 이른데 저녁식사를 하고 가세요.

时间还早呢, 吃晚饭再走吧。
shí jiān hái zǎo ne chī wǎn fàn zài zǒu ba
스 지엔 하이 자오 너 츠 완 판 짜이 저우 바

□ 살펴 가세요. 시간이 있으면 또 놀러 오세요.

您走好, 有时间再来玩儿啊。
nín zǒu hǎo yǒu shí jiān zài lái wán r ā
닌 저우 하오 여우 스 지엔 짜이 라이 왈 아

134

화제에 관한 표현

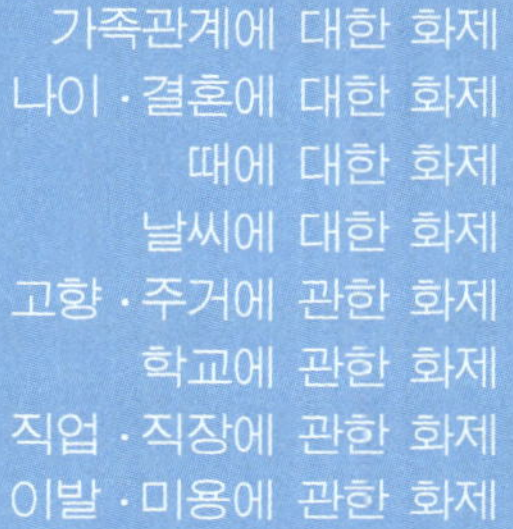

가족관계에 대한 화제

가족에 대해 물을 때

□ 가족은 몇 분이나 됩니까?

请问你家几口人?
qǐng wèn nǐ jiā jǐ kǒu rén
칭 원 니 쟈 지 커우 런

□ 식구는 많습니까?

家里人多吗?
jiā lǐ rén duō mǎ
쟈 리 런 뚸 마

□ 가족에 대해 좀 말씀해 주시겠습니까?

能谈谈您的家人吗?
néng tán tán nín dè jiā rén mǎ
넝 탄 탄 닌 더 쟈 런 마

□ 부모님과 함께 사세요?

跟父母一起过吗?
gēn fù mǔ yī qǐ guò mǎ
껀 푸 무 이 치 꿔 마

□ 형제가 몇 분이세요?

有几个兄弟?
yǒu jǐ gè xiōng dì
여우 지 거 씨옹 띠

□ 당신 아버지는 무슨 일을 하십니까?

请问令尊在哪里高就?
qǐng wèn lìng zūn zài nǎ lǐ gāo jiù
칭 원 링 준 짜이 나 리 까오 지우

□ 남편은 어떤 일을 하세요?

你老公做什么工作?
nǐ lǎo gōng zuò shén mè gōng zuò
니 라오 꿍 쭤 션 머 꿍 쭤

□ 부모님은 연세가 어떻게 되십니까?

请问双亲今年高寿？
qǐng wèn shuāng qīn jīn nián gāo shòu
칭 원 쑤앙 친 찐 니엔 까오 셔우

□ 우리 식구는 다섯 명입니다.

我家五口人。
wǒ jiā wǔ kǒu rén
워 쟈 우 커우 런

□ 우리는 대가족입니다.

我们是大家族。
wǒ mėn shì dà jiā zú
워 먼 스 따 쟈 주

□ 저는 부모님과 같이 살고 있습니다.

我跟父母一起过呢。
wǒ gēn fù mǔ yī qǐ guò ne
워 껀 푸무 이 치 꿔 너

□ 난 독자예요. 당신은 어때요?

我是独生子，你呢？
wǒ shì dú shēng zǐ   nǐ ne
워 스 두 셩 쯔   니 너

□ 우리 가족은 매우 화록해요.

我们一家非常和睦。
wǒ mėn yī jiā fēi cháng hé mù
워 먼 이 쟈 페이 창 허 무

□ 아이들은 몇 명이나 됩니까?

你有几个孩子？
nǐ yǒu jǐ gè hái zǐ
니 여우 지 거 하이 즈

□ 자녀들은 몇 살입니까?

子女多大了？
zǐ nǔ duō dà le
즈 뉘 뚸 따 러

□ 그 애들 이름이 뭐죠?

孩子们叫什么名字?
hái zǐ mén jiào shén mè míng zì
하이 즈 먼 쟈오 션 머 밍 즈

□ 아들만 둘이고 딸은 없습니다.

有两个儿子，没有女儿。
yǒu liǎng gè r zǐ méi yǒu nǚ r
여우 량 거얼 즈   메이 여우 뉘얼

□ 그 애들은 학교에 다니나요?

孩子们上学了?
hái zǐ mén shàng xué le
히이 즈 먼 샹 쉐 러

□ 아이는 언제 가질 예정입니까?

你们想什么时候要孩子?
nǐ mén xiǎng shén mè shí hòu yào hái zǐ
니 먼 썅 션 머 쓰 허우 야오 하이 즈

□ 아들은 초등학생입니다.

我儿子是小学生。
wǒ r zǐ shì xiǎo xué shēng
워얼 즈 스 쌰오 쉐 셩

□ 아이들이 셋 있어요. 딸 둘하고, 아들 하나입니다.

有三个孩子，两个女儿，一个儿子。
yǒu sān gè hái zǐ liǎng gè nǚ r yī gè r zǐ
여우 쌴 거 하이 즈   량 거 뉘얼   이 거얼 즈

□ 아들만 둘이고 딸은 없습니다.

有两个儿子，没有女儿。
yǒu liǎng gè r zǐ méi yǒu nǚ r
여우 량 거얼 즈   메이 여우 뉘얼

□ 4살 된 아들 하나가 있습니다.

有一个四岁的儿子。
yǒu yī gè sì suì dè r zǐ
여우 이 거 쓰 쑤이 더얼 즈

나이 · 결혼에 대한 화제

나이에 대해 물을 때

□ 몇 살이세요?

多大了?
duō dà le
뚸 따 러

□ 나이를 여쭤 봐도 될까요?

打听岁数不失礼吧?
dǎ tīng suì shù bù shī lǐ ba
따 팅 쑤이 슈 뿌 쓰 리 바

□ 나이가 어떻게 되십니까?

请问你多大岁数?
qǐng wèn nǐ duō dà suì shù
칭 원 니 뚸 따 쑤이 수

□ 그들은 몇 살이죠?

他们多大了?
tā mén duō dà le
타 먼 뚸 따 러

□ 그가 몇 살인지 물어봐도 될까요?

我可以问他多大岁数吗?
wǒ kě yǐ wèn tā duō dà suì shù ma
워 커 이 원 타 뚸 따- 쑤이 수 마

□ 당신의 나이를 알려 주시겠습니까?

可以告诉我你的岁数吗?
kě yǐ gào sù wǒ nǐ dè suì shù ma
커 이 까오 쑤 워 니 더 쑤이 수 마

나이에 대해 대답할 때

□ 서른 다섯입니다.

三十五了。
sān shí wǔ le
싼 스 우 러

□ 20대 초반입니다.

刚过二十岁。
gāng guò èr shí suì
깡 꿔 얼 스 쑤이

□ 30대 후반입니다.

三十多快四十了。
sān shí duō kuài sì shí le
싼 스 뚸 콰이 쓰 스 러

□ 40대입니다.

我四十多了。
wǒ sì shí duō le
워 쓰 스 뚸 러

□ 저와 동갑이군요.

你和我同岁呀。
nǐ hé wǒ tóng suì yā
니 허 워 퉁 쑤이 야

□ 저보다 3살 위이군요.

比我大三岁呀。
bǐ wǒ dà sān suì yā
비 워 따 싼 쑤이 야

□ 제가 몇 살인지 추측해 보세요.

你猜猜我有多大。
nǐ cāi cāi wǒ yǒu duō dà
니 차이 차이 워 여우 뚸 따

□ 당신은 나이보다 젊어 보입니다.

你显得比岁数年轻。
nǐ xiǎn dé bǐ suì shù nián qīng
니 씨엔 더 비 쑤이 수 니엔 칭

□ 생일이 언제입니까?

生日是什么时候？
shēng rì shì shén me shí hòu
셩 르 스 션 머 스 허우

□ 언제 태어났습니까?

什么时候出生的?
shén me shí hòu chū shēng de
션 머 쓰 허우 추 성 더

□ 몇 년도에 태어나셨어요?

哪年出生的?
nǎ nián chū shēng de
나 니엔 추 성 더

□ 며칠에 태어났어요?

你几日生日?
nǐ jǐ rì shēng rì
니 지 르 성 르

□ 결혼하셨습니까?

请问，你结婚了吗?
qǐng wèn   nǐ jié hūn le me
칭 원   니 지에 훈 러 마

□ 언제 결혼을 하셨습니까?

什么时候成家的?
shén me shí hòu chéng jiā de
션 머 스 허우 청 쟈 더

□ 결혼한 지 얼마나 됐습니까?

结婚多长时间了?
jié hūn duǒ cháng shí jiān le
지에 훈 뚸 창 스 지엔 러

□ 언제 결혼할 예정입니까?

打算什么时候结婚?
dǎ suàn shén me shí hòu jié hūn
따 쑤안 션 머 스 허우 지에 훈

□ 당신은 기혼입니까, 미혼입니까?

请问你是已婚还是未婚?
qǐng wèn nǐ shì yǐ hūn hái shì wèi hūn
칭 원 니 스 이 훈 하이 스 웨이 훈

□ 신혼부부이시군요.

还是个新婚夫妻嘛。
hái shì gè xīn hūn fū qī má
하이 스 거 씬 훈 푸 치 마

□ 독신입니다.

我是单身。
wǒ shì dān shēn
워 스 딴 션

□ 저는 결혼했습니다.

我已经结婚了。
wǒ yǐ jīng jié hūn le
워 이 징 지에 훈 러

□ 저는 신혼입니다.

我是新婚。
wǒ shì xīn hūn
워 스 씬 훈

□ 별거중입니다.

我们正在分居。
wǒ mén zhèng zài fēn jū
워 먼 쩡 짜이 펀 쥐

□ 이혼했습니다.

我离婚了。
wǒ lí hūn le
워 리 훈 러

□ 우리는 곧 이혼할 예정입니다.

我们打算离婚。
wǒ mén dǎ suàn lí hūn
워 먼 따 쑤안 리 훈

□ 그는 최근에 재혼했습니다.

他最近刚再婚。
tā zuì jìn gāng zài hūn
타 쭈이 찐 깡 짜이 훈

때에 대한 화제

시간을 말할 때

□ 지금 몇 시입니까?

现在几点?
xiàn zài jǐ diǎn
씨엔 짜이 지 디엔

□ 지금 6시 15분입니다.

现在是六点十五分。
xiàn zài shì liù diǎn shí wǔ fēn
씨엔 짜이 스 리우 디엔 스 우 펀

□ 지금 오후 2시 16분입니다.

现在是下午两点十六分。
xiàn zài shì xià wǔ liǎng diǎn shí liù fēn
씨엔 짜이 스 씨아 우 량 디엔 스 리우 펀

□ 오후 3시입니다.

下午三点。
xià wǔ sān diǎn
쌰 우 싼 디엔

□ 아침 6시입니다.

早晨六点。
zǎo chén liù diǎn
짜오 천 리우 디엔

□ 새벽 4시입니다.

凌晨四点。
líng chén sì diǎn
링 천 쓰 디엔

□ 곧 9시가 됩니다.

快到九点了。
kuài dào jiǔ diǎn le
콰이 따오 지우 디엔 러

□ 9시가 조금 지났습니다.

九点过一点儿了。
jiǔ diǎn guò yī diǎn r le
지우 디엔 꿔 이 디알 러

□ 몇 시에 일어납니까?

你什么时候起床?
nǐ shén me shí hòu qǐ chuáng
니 션 머 스 허우 치 추앙

□ 시간은 얼마나 걸립니까?

需要多长时间。
xū yào duō cháng shí jiān
쒸 야오 뚸 창 스 찌엔

□ 언제 돌아옵니까?

你什么时候回来?
nǐ shén me shí hòu huí lái
니 션 머 스 허우 후이 라이

□ 시간이 됐습니다.

到点了。
dào diǎn le
따오 디엔 러

□ 몇 시에 올 겁니까?

你几点过来?
nǐ jǐ diǎn guò lái
니 지 디엔 꿔 라이

□ 언제 시작합니까?

什么时候开始。
shén me shí hòu kāi shǐ
션 머 스 허우 카이 스

□ 수업은 아침 몇 시에 시작합니까?

早晨几点开始上课?
zǎo chén jǐ diǎn kāi shǐ shàng kè
짜오 천 지 디엔 카이 스 샹 커

144

□ 몇 시에 점심을 먹습니까?

中午几点吃午饭？
zhōng wǔ jǐ diǎn chī wǔ fàn
쫑 우 지 디엔 츠 우 판

□ 오후 몇 시에 회의를 합니까?

下午几点开会？
xià wǔ jǐ diǎn kāi huì
샤 우 지 디엔 카이 후이

□ 오전 몇 시에 만날까요?

上午几点见面？
shàng wǔ jǐ diǎn jiàn miàn
샹 우 지 디엔 지엔 미엔

□ 점심휴식 시간은 얼마나 됩니까?

你们午休时间多长？
nǐ mèn wǔ xiū shí jiān duō cháng
니 먼 우 씨우 스 지엔 뚸 창

□ 몇 시에 시작합니까?

几点开始？
jǐ diǎn kāi shǐ
지 디엔 카이 스

□ 너무 이릅니다.

太早了。
tài zǎo le
타이 짜오 러

□ 시간이 늦었습니다.

时间不早了。
shí jiān bù zǎo le
스 지엔 뿌 짜오 러

□ 몇 시에 문을 닫습니까?

这儿几点钟关门。
zhè r jǐ diǎn zhōng guān mén
쩔 지 디엔 중 꽌 먼

일(日)을
말할 때

□ 오늘은 며칠입니까?
今天几号?
jīn tiān jǐ hào
찐 티엔 지 하오

□ 어제는 며칠이었습니까?
昨天是几号?
zuó tiān shì jǐ hào
쭤 티엔 스 지 하오

□ 모레는 10월 1일입니다.
后天是十月一日。
hòu tiān shì shí yuè yī rì
허우 티엔 스 스 위에 이 르

□ 오늘은 무슨 날이니?
今天是什么日子?
jīn tiān shì shén mè rì zǐ
찐 티엔 스 션 머 르 쯔

□ 오늘은 국경일이야.
今天是国庆节。
jīn tiān shì guó qìng jié
찐 티엔 스 꿔 칭 지에

요일을
말할 때

□ 오늘은 무슨 요일입니까?
今天星期几?
jīn tiān xīng qī jǐ
찐 티엔 씽 치 지

□ 오늘은 월요일입니다.
今天星期一。
jīn tiān xīng qī yī
찐 티엔 씽 치 이

□ 목요일은 며칠입니까?
礼拜四是几号?
lǐ bài sì shì jǐ hào
리 빠이 쓰 스 지 하오

□ 오늘은 토요일입니다.

今天是星期六。
jīn tiān shì xīng qī liù
찐 티엔 스 씽 치 리우

□ 모레는 화요일입니다.

后天是礼拜二。
hòu tiān shì lǐ bài èr
허우 티엔 스 리 빠이 얼

□ 오늘은 화요일이 아닙니다.

今天不是星期二。
jīn tiān bú shì xīng qī èr
찐 티엔 부 스 씽 치 얼

□ 엊그제는 금요일이었습니다.

前天是礼拜五。
qián tiān shì lǐ bài wǔ
치엔 티엔 스 리 빠이 우

□ 나는 일요일에 돌아옵니다.

我星期天回来。
wǒ xīng qī tiān huí lái
워 씽 치 티엔 후이 라이

□ 주말에 뭘 할 겁니까?

周末你干什么?
zhōu mò nǐ gān shén me
저우 모 니 깐 션 머

□ 어제는 몇 월 며칠이었습니까?

昨天是几月几号?
zuó tiān shì jǐ yuè jǐ hào
쭤 티엔 스 지 위에 지 하오

□ 오늘은 10월 10일입니다.

今天是十月十号。
jīn tiān shì shí yuè shí hào
찐 티엔 스 스 위에 스 하오

□ 내일은 몇 월 며칠입니까?

明天是几月几号?
míng tiān shì jǐ yuè jǐ hào
밍 티엔 스 지 위에 지 하오

□ 내일은 8월 5일입니다.

明天是八月五号。
míng tiān shì bā yuè wǔ hào
밍 티엔 스 빠 위에 우 하오

□ 며칠이나 걸립니까?

得多少天？
dé duō shǎo tiān
더 뚸 샤오 티엔

□ 내일 다시 오겠습니다.

我明天再来。
wǒ míng tiān zài lái
워 밍 티엔 짜이 라이

□ 최소한 일주일은 필요합니다.

至少也需要一个星期。
zhì shǎo yě xū yào yī gè xīng qī
즈 샤오 예 쒸 야오 이 거 씽 치

□ 2~3주간 머물 예정입니다.

我打算住两三个星期。
wǒ dǎ suàn zhù liǎng sān gè xīng qī
워 따 쑤안 주 량 싼 거 씽 치

□ 일주일 후에 다시 오십시오.

请你一个星期后再来。
qǐng nǐ yī gè xīng qī hòu zài lái
칭 니 이 거 씽 치 허우 짜이 라이

□ 일주일 후에 다시 오겠습니다.

我过一个星期再来。
wǒ guò yī gè xīng qī zài lái
워 꿔 이 거 씽 치 짜이 라이

날씨에 대한 화제

**날씨를
물을 때**

□ 오늘 일기예보는 어떻습니까?

今天天气预报怎么样?
jīn tiān tiān qì yù bào zěn me yàng
찐 티엔 티엔 치 위 빠오 쩐 머 양

□ 오늘 기온은 몇 도입니까?

今天气温几度?
jīn tiān qì wēn jǐ dù
찐 티엔 치 원 지 뚜

□ 오늘은 비가 내릴까요?

今天有雨吗?
jīn tiān yǒu yǔ ma
찐 티엔 여우 위 마

□ 비가 내릴 것 같습니까?

会不会下雨?
huì bù huì xià yǔ
후이 뿌 후이 쌰 위

**날씨가
좋을 때**

□ 오늘은 날씨가 매우 좋습니다

今天天气很好。
jīn tiān tiān qì hěn hǎo
찐 티엔 티엔 치 헌 하오

□ 날씨가 화창하고 참 상쾌합니다.

天气晴朗真爽快。
tiān qì qíng lǎng zhēn shuǎng kuài
티엔 치 칭 랑 쩐 슈앙 콰이

□ 날씨가 개기 시작했어요.

天气开始转晴了。
tiān qì kāi shǐ zhuǎn qíng le
티엔 치 카이 스 쫜 칭 러

□ 오늘은 맑습니다.

今天天气晴朗。
jīn tiān tiān qì qíng lǎng
찐 티엔 티엔 치 칭 랑

□ 오늘은 구름 한 점 없이 맑았습니다.

今天晴空万里。
jīn tiān qíng kōng wàn lǐ
찐 티엔 칭 콩 완 리

□ 오늘은 날씨가 몹시 나쁘군요.

今天天气坏得很。
jīn tiān tiān qì huài de hěn
찐 티엔 티엔 치 화이 더 헌

□ 오늘은 약간 흐려요.

今天有点儿阴。
jīn tiān yǒu diǎn r yīn
찐 티엔 여우 디알 인

□ 내일은 날씨가 나쁘다고 합니다.

明天天气要不好。
míng tiān tiān qì yào bù hǎo
밍 티엔 티엔 치 야오 뿌 하오

□ 날씨가 그리 좋지 못해요.

天气不太好。
tiān qì bú tài hǎo
티엔 치 부 타이 하오

 □ 오늘은 비가 내립니다.

今天要下雨。
jīn tiān yào xià yǔ
찐 티엔 야오 쌰 위

□ 소나기가 내릴 것 같습니다.

看来要下雷雨了。
kàn lái yào xià léi yǔ le
칸 라이 야오 쌰 레이 위 러

□ 큰비가 내릴 것 같습니다.

快要下大雨了。
kuài yào xià dà yǔ le
콰이 야오 쌰 따 위 러

□ 어제는 폭우가 내렸습니다.

昨天下了一场暴雨。
zuó tiān xià le yì chǎng bào yǔ
쭤 티엔 쌰 러 이 창 빠오 위

□ 저녁에 약간 비가 너릴 것 같습니다.

晚上将会有小雨。
wǎn shàng jiāng huì yǒu xiǎo yǔ
완 샹 지앙 후이 여우 쌰 위

□ 연일 궂은비가 내립니다.

下连天的阴雨。
xià lián tiān dè yīn yǔ
쌰 리엔 티엔 더 인 위

□ 7월 초는 장마철입니다.

七月初是梅雨期。
qī yuè chū shì méi yǔ qī
치 위에 추 스 메이 위 치

□ 이번 비는 너무 오러 내립니다.

这雨下得太长了。
zhè yǔ xià dé tài cháng le
쩌 위 쌰 더 타이 창 러

□ 바깥은 바람이 세차게 붑니다.

外面正在刮大风。
wài miàn zhèng zài guā dà fēng
와이 미엔 쩡 짜이 꽈 따 펑

□ 며칠 전 보기 드문 쾌풍이 불었습니다.

前几天刮了罕见的台风。
qián jǐ tiān guā le hǎn jiàn dè tái fēng
치엔 지 티엔 꽈 러 한 지엔 더 타이 펑

□ 바다에는 늘 용오름이 솟아오릅니다.

海上常常刮龙卷风。
hǎi shàng cháng cháng guā lóng juǎn fēng
하이 샹 창 창 꽈 롱 췐 펑

□ 앞에서 이따금 미풍이 불어오고 있습니다.

迎面吹来阵阵的微风。
yíng miàn chuī lái zhèn zhèn dè wēi fēng
잉 미엔 추이 라이 쩐 쩐 더 웨이 펑

□ 바깥은 약간 춥습니다.

外面有点冷。
wài miàn yǒu diǎn lěng
와이 미엔 여우 디엔 렁

□ 봄이 왔습니다. 날씨도 따뜻해졌습니다.

春天到了，天气很暖和。
chūn tiān dào le   tiān qì hěn nuǎn hé
춘 티엔 따오 러   티엔 치 헌 누안 허

□ 오늘은 따뜻합니다.

今天暖和。
jīn tiān nuǎn hé
진 티엔 누안 허

□ 드디어 봄이 왔습니다.

春天终于到了。
chūn tiān zhōng yú dào le
춘 티엔 중 위 따오 러

□ 날씨가 따뜻해지기 시작했습니다.

天气终于开始转暖了。
tiān qì zhōng yú kāi shǐ zhuǎn nuǎn le
티엔 치 중 위 카이 스 짠 누안 러

□ 봄은 만물이 소생하는 계절입니다.

春天是万物复苏的季节。
chūn tiān shì wàn wù fù sū dè jì jié
춘 티엔 스 완 우 푸 쑤 더 지 지에

□ 바깥은 아주 덥습니다.

外面很热。
wài miàn hěn rè
와이 미엔 헌 러

□ 여름이 오면 혹서를 견디기 힘듭니다.

到了夏天最受不了酷热。
dào le xià tiān zuì shòu bù liǎo kù rè
따오 러 씨아 티엔 쭈이 셔우 뿌 랴오 쿠 러

□ 여름은 아주 무덥습니다.

夏天很热
xià tiān hěn rè
쌰 티엔 헌 러

□ 여름은 정말로 무더위가 견디기 힘듭니다.

夏天真是酷热难耐。
xià tiān zhēn shì kù rè nán nài
쌰 티엔 쩐 스 쿠 러 난 나이

□ 가을 날씨는 아주 시원합니다.

秋天的天气很凉爽。
qiū tiān dè tiān qì hěn liáng shuǎng
치우 티엔 더 티엔 치 헌 량 슈앙

□ 가을은 수확의 계절입니다.

秋天是收获的季节。
qiū tiān shì shōu huò dè jì jié
치우 티엔 스 셔우 훠 더 지 지에

□ 가을 하늘은 높고 날씨는 서늘합니다.

秋高气爽。
qiū gāo qì shuǎng
치우 까오 치 슈앙

□ 주말에 단풍구경을 갑시다.

周末去看枫叶。
zhōu mò qù kàn fēng yè
져우 모 취 칸 펑 예

고향·주거에 관한 화제

고향을 물을 때

□ 고향은 어디입니까?

你的家乡是哪儿?
nǐ dè jiā xiāng shì nǎ r
니 더 쟈 씨앙 스 날

□ 제 고향은 작은 시골에 있습니다.

我的老家在一个小山村。
wǒ dè lǎo jiā zài yī gè xiǎo shān cūn
워 더 라오 쟈 짜이 이 거 쌰오 샨 춘

□ 제 고향은 하얼빈입니다.

我的家乡是哈尔滨。
wǒ dè jiā xiāng shì hā ěr bīn
워 더 쟈 씨앙 스 하 얼 삔

□ 제 고향은 아주 아름답습니다.

我的家乡很美丽。
wǒ dè jiā xiāng hěn měi lì
워 더 쟈 썅 헌 메이 리

거주지를 물을 때

□ 집은 어디에 있습니까?

你家在哪儿?
nǐ jiā zài nǎ r
니 쟈 짜이 날

□ 당신은 어디서 삽니까?

你家住哪儿?
nǐ jiā zhù nǎ r
니 쟈 주 날

□ 당신의 집은 아파트입니까, 단독주택입니까?

你家是公寓还是独门宅院?
nǐ jiā shì gōng yù hái shì dú mén zhái yuàn
니 쟈 스 꿍 위 하이 스 두 먼 자이 위엔

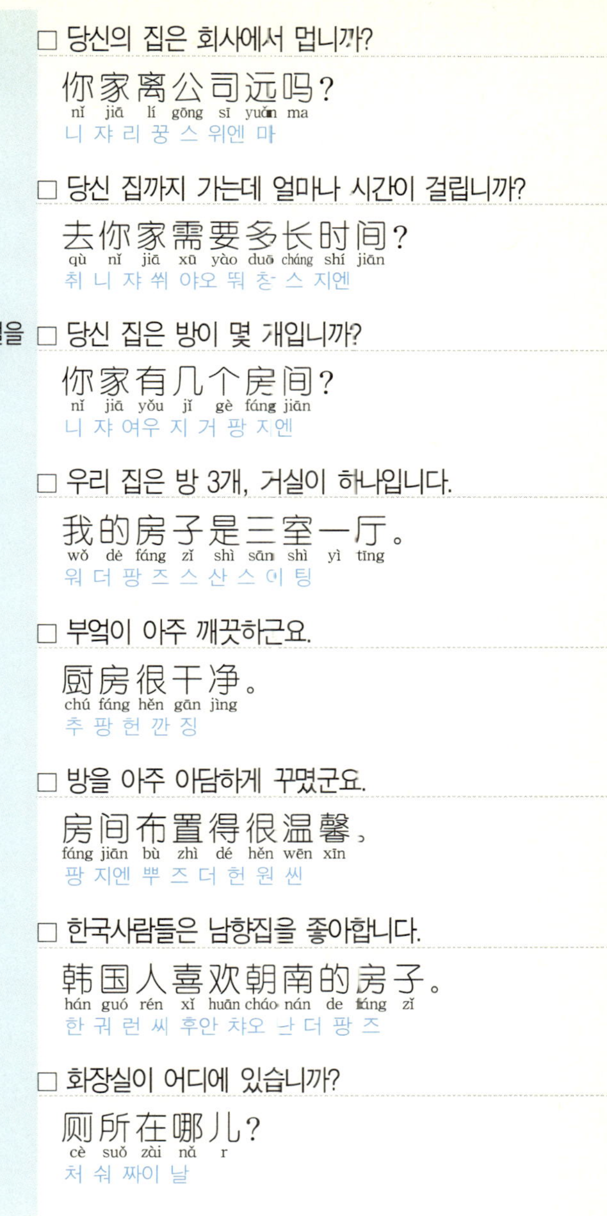

□ 당신의 집은 회사에서 멉니까?

你家离公司远吗?
nǐ jiā lí gōng sī yuǎn ma
니 쟈 리 꿍 스 위엔 마

□ 당신 집까지 가는데 얼마나 시간이 걸립니까?

去你家需要多长时间?
qù nǐ jiā xū yào duō cháng shí jiān
취 니 쟈 쒸 야오 뚸 창 스 지엔

□ 당신 집은 방이 몇 개입니까?

你家有几个房间?
nǐ jiā yǒu jǐ gè fáng jiān
니 쟈 여우 지 거 팡 지엔

□ 우리 집은 방 3개, 거실이 하나입니다.

我的房子是三室一厅。
wǒ dè fáng zǐ shì sān shì yì tīng
워 더 팡 즈 스 산 스 이 팅

□ 부엌이 아주 깨끗하근요.

厨房很干净。
chú fáng hěn gān jìng
추 팡 헌 깐 징

□ 방을 아주 아담하게 꾸몄군요.

房间布置得很温馨。
fáng jiān bù zhì dé hěn wēn xīn
팡 지엔 뿌 즈 더 헌 원 씬

□ 한국사람들은 남향집을 좋아합니다.

韩国人喜欢朝南的房子。
hán guó rén xǐ huān cháo nán de fáng zǐ
한 궈 런 씨 후안 챠오 난 더 팡 즈

□ 화장실이 어디에 있습니까?

厕所在哪儿?
cè suǒ zài nǎ r
처 쉬 짜이 날

155

학교에 관한 화제

□ 학교에 다닙니까?

你是上学的吗?
nǐ shì shàng xué de má
니 스 샹 쉐 더 마

□ 당신은 학생입니까?

你是学生吧。
nǐ shì xué shēng ba
니 스 쉐 셩 바

□ 당신은 대학생입니까?

你是大学生吗?
nǐ shì dà xué shēng má
니 스 따 쉐 셩 마

□ 당신은 대학생이 아닙니까?

你是不是大学生?
nǐ shì bú shì dà xué shēng
니 스 부 스 따 쉐 셩

□ 어느 학교에 다니십니까?

请问你上哪个学校?
qǐng wèn nǐ shàng nǎ gè xué xiào
칭 원 니 샹 나 거 쉐 쌰오

□ 어느 대학에 다니십니까?

上哪家大学?
shàng nǎ jiā dà xué
샹 나 쟈 따 쉐

□ 어느 학교를 졸업하셨습니까?

哪个学校毕业的?
nǎ gè xué xiào bì yè de
나 거 쉐 쌰오 삐 예 더

□ 저는 서울대학생입니다.

我是汉成大学的。
wǒ shì hàn chéng dà xué de
워 스 한 청 따 쉐 더

□ 몇 학년이세요?

几年级了?
jǐ nián jí le
지 니엔 지 러

□ 대학교 4학년입니다.

大学四年级。
dà xué sì nián jí
따 쉐 쓰 니엔 지

□ 어떤 학위를 가지고 계십니까?

请问你有什么学位?
qǐng wèn nǐ yǒu shén me xué wèi
칭 원 니 여우 션 머 쉐 웨이?

□ 몇 년도에 졸업했습니까?

哪年毕业的?
nǎ nián bì yè de
나 니엔 삐 예 더

□ 대학교 때 전공이 무엇이었습니까?

大学时候是什么专业?
dà xué shí hòu shì shén me zhuān yè
따 쉐 스 허우 스 션 머 짠 예

□ 그는 대학중퇴자입니다.

他是大学肄业生。
tā shì dà xué yì yè shēng
타 스 따 쉐 이 예 성

□ 교육학을 전공하고 있습니다.

我专攻教育学呢。
wǒ zhuān gōng jiào yù xué ne
워 짠 꿍 쟈오 위 쉐 너

□ 매일 4교시가 있습니다.

每天有四节课。
měi tiān yǒu sì jié kè
메이 티엔 여우 쓰 지에 커

□ 과외활동은 어때요?

课外活动怎么样?
kè wài huó dòng zěn me yàng
커 와이 훠 뚱 쩐 머 양

□ 아르바이트를 하고 있나요?

你正在打工吗?
nǐ zhèng zài dǎ gōng ma
니 쩡 짜이 따 꿍 마

□ 중국에서는 시험경쟁이 치열합니까?

在中国升学竞争激烈吗?
zài zhōng guó shēng xué jìng zhēng jī liè ma
짜이 쭝 꿔 셩 쉐 징 쩡 지 레이 마

□ 선생님이 매일 숙제를 내줍니다.

老师每天留家庭作业。
lǎo shī měi tiān liú jiā tíng zuò yè
라오 스 메이 티엔 리우 쟈 팅 쭤 예

□ 시험결과는 어떻게 되었나요?

考试结果怎么样了?
kǎo shì jié guǒ zěn me yàng le
카오 스 지에 궈 쩐 머 양 러

□ 공부를 해야겠어요.

我得做功课。
wǒ děi zuò gōng kè
워 데이 쭤 꿍 커

□ 게시판에 뭐라고 씌어 있는 거예요?

那告示板里写着什么?
nà gào shì bǎn lǐ xiě zhe shén me
나 까오 쓰 반 리 씨에 져 션 머

직업·직장에 관한 화제

**직업을 묻고
말할 때**

□ 어떤 일을 합니까?

你是做什么工作的？
nǐ shì zuò shén me gōng zuò de
니 스 쭤 션 머 꿍 쭤 더

□ 당신 직업이 무엇입니까?

你的职业是什么？
nǐ de zhí yè shì shén me
니 더 즈 예 스 션 머

□ 저는 장사를 합니다.

我是商人。
wǒ shì shāng rén
워 스 샹 런

□ 당신을 뭘 하시는 분입니까?

你是干什么的？
nǐ shì gān shén me de
니 스 깐 션 머 더

□ 저는 택시운전기사입니다.

我是出租汽车司机。
wǒ shì chū zū qì chē sī jī
워 스 추 쭈 치 처 쓰 지

□ 저의 직업은 의사입니다.

我的职业是医生。
wǒ de zhí yè shì yī shēng
워 더 즈 예 스 이 셩

□ 저는 무역을 하는 사람입니다.

我是做贸易的。
wǒ shì zuò mào yì de
워 스 쭤 마오 이 더

□ 당신은 어디에서 근무하십니까?

您在哪儿工作?
nín zài nǎ r gōng zuò
닌 짜이 날 꿍 쭤

□ 당신은 어느 회사에 근무하십니까?

您在哪个公司工作?
nín zài nǎ gè gōng sī gōng zuò
닌 짜이 나 거 꿍 쓰 꿍 쭤

□ 어디에 출근하십니까?

你在哪儿上班?
nǐ zài nǎ r shàng bān
니 짜이 날 샹 빤

□ 무슨 일을 하고 계십니까?

你是干什么的?
nǐ shì gàn shén mè dè
니 스 깐 션 머 더

□ 몇 시에 출근합니까?

几点上班?
jǐ diǎn shàng bān
지 띠엔 샹 빤

□ 지금 출근하십니까?

你现在上班吗?
nǐ xiàn zài shàng bān mà
니 씨엔 짜이 샹 빤 마

□ 언제 퇴근합니까?

你什么时候下班?
nǐ shén mè shí hòu xià bān
니 션 머 스 허우 쌰 빤

□ 집에서 회사까지 멉니까?

从家到公司远吗?
cóng jiā dào gōng sī yuǎn ma
총 쟈 따오 꿍 쓰 위엔 마

□ 회사까지 가는 통근차가 있습니까?

有到公司的通勤车吗?
yǒu dào gōng sī dè tōng qín chē ma
여우 따오 꿍 쓰 더 통 친 처 마

**잔업에 대해
말할 때**

□ 잔업은 자주 합니까?

经常加班吗?
jīng cháng jiā bān mà
징 창 쟈 빤 마

□ 당신네 회사에서는 자주 잔업을 합니까?

你们公司经常加班吗?
nǐ mèn gōng sī jīng cháng jiā bān mà
니 먼 꿍 쓰 징 창 쟈 빤 마

□ 잔업을 하면 힘은 들지만 잔업수당이 있습니다.

加班累是累，但有加班费。
jiā bān lèi shì lèi   dàn yǒu jiā bān fèi
쟈 빤 레이 스 레이   딴 여우 쟈 빤 페이

□ 어제는 2시간 잔업을 했습니다.

昨天加了两小时班。
zuó tiān jiā le liǎng xiǎo shí bān
쭤 티엔 쟈 러 량 샤오 쓰 빤

**급료에 대해
말할 때**

□ 한 달에 월급은 얼마입니까?

一个月工资是多少?
yī gè yuè gōng zī shì duō shǎo
이 거 위에 꿍 즈 스 뚸 샤오

□ 교통비는 실비로 지급합니다.

交通费是实报实销的。
jiāo tōng fèi shì shí bào shí xiāo de
쟈오 통 페이 스 스 빠오 스 쌰오 더

□ 시간외 근무는 잔업수당이 있습니다.

加班就有加班费。
jiā bān jiù yǒu jiā bān fèi
쟈 빤 지우 여우 쟈 빤 페이

□ 출장시에는 출장수당이 있습니다.

出差时有出差费。
chū chā shí yǒu chū chā fèi
추 차 스 여우 추 차 페이

□ 하루에 몇 시간씩 일합니까?

一天工作几个小时 ?
yī tiān gōng zuò jǐ gè xiǎo shí
이 티엔 꿍 쭤 지 거 쌰오 스

□ 토요일은 반나절만 일합니다.

星期六，只上半天班。
xīng qī liù　zhǐ shàng bàn tiān bān
씽 치 리우　즈 샹 빤 티엔 빤

□ 매주 이틀 간 쉽니다.

每星期休息两天。
měi xīng qī xiū xī liǎng tiān
메이 씽 치 씨우 시 량 티엔

□ 이번 휴가는 며칠입니까?

这次休几天假?
zhè cì xiū jǐ tiān jià
쩌 츠 씨우 지 티엔 쟈

□ 이번 휴가를 어떻게 보내실 겁니까?

这次休假你打算怎么过?
zhè cì xiū jià nǐ dǎ suàn zěn me guò
쩌 츠 씨우 쟈 니 따 쑤안 쩐 머 꿔

□ 여름 휴가가 있습니까?

有暑假吗?
yǒu shǔ jiǎ ma
여우 수 쟈 마

□ 여름에는 일주일 휴가가 있습니다.

夏天有一个星期的假期。
xià tiān yǒu yī gè xīng qī de jiǎ qī
쌰 티엔 여우 이 거 씽 치 더 쟈 치

이발·미용에 관한 화제

이발소에서

□ 이발 좀 해 주세요.

我要理发。
wǒ yào lǐ fā
워 야오 리 파

□ 어떤 모양으로 깎을까요?

理什么发型 ?
lǐ shén me fā xíng
리 션 머 파 씽

□ 보통 헤어스타일로 깎아 주세요.

给我剪成一般的发型。
gěi wǒ jiǎn chéng yī bān de fā xíng
게이 워 지엔 청 이 빤 더 파 씽

□ 약간 짧게 깎아 주세요.

给我剪得稍微短一点儿。
gěi wǒ jiǎn dé shāo wēi duǎn yī diǎn r
게이 워 지엔 더 샤오 웨이 뚜안 이 디알

□ 너무 많이 자르지 마세요.

别剪得太多。
bié jiǎn dé tài duō
비에 지엔 더 타이 뚸

□ 이런 모양으로 깎아 주세요.

给我理成这个样子。
gěi wǒ lǐ chéng zhè gè yàng zǐ
게이 워 리 청 쩌 거 양 즈

□ 면도를 하시겠습니까?

刮脸吗 ?
guā liǎn ma
과 리엔 마

□ 면도를 해 주세요.

请刮脸。
qǐng guā liǎn
칭 과 리엔

□ 머리를 감아 주세요.

请给我洗洗头。
qǐng gěi wǒ xǐ xǐ tóu
칭 게이 워 씨 씨 터우

□ 안마를 해 주세요.

请按摩一下。
qǐng àn mó yī xià
칭 안 모 이 쌰

□ 머리만 감겨 주세요.

我只要洗头。
wǒ zhǐ yào xǐ tóu
워 즈 야오 씨 터우

□ 파마해 주세요.

请给我烫发。
qǐng gěi wǒ tàng fā
칭 게이 워 탕 파

□ 파마를 약하게 해 주세요.

请烫得轻一点儿。
qǐng tàng dé qīng yī diǎn r
칭 탕 더 칭 이 디알

□ 세트해 주세요.

我要做头发。
wǒ yào zuò tóu fā
워 야오 쭤 터우 파

□ 머리를 검게 염색해 주세요.

我要把头发染成黑色。
wǒ yào bǎ tóu fā rǎn chéng hēi sè
워 야오 바 터우 파 란 청 헤이 써

통신·여가에 관한 표현

은행·우체국의 표현

편지를 부칠 때

□ 집에 편지를 쓰는 중입니다.

我要给家里写信。
wǒ yào gěi jiā lǐ xiě xìn
워 야오 게이 쟈 리 씨에 씬

□ 무슨 편지를 쓰고 있습니까?

你写什么信？
nǐ xiě shén me xìn
니 씨에 션 머 씬

□ 우체국에 가서 편지를 부쳐야 합니다.

我要去邮局寄信。
wǒ yào qù yóu jú jì xìn
워 야오 취 여우 쥐 지 씬

□ 어떤 편지를 부치시게요?

你要寄什么信？
nǐ yào jì shén me xìn
니 야오 지 션 머 씬

□ 아가씨, 빠른우편으로 보내려고 하는데요.

小姐，我要寄快件。
xiǎo jiě   wǒ yào jì kuài jiàn
쌰오 지에 워 야오 지 콰이 지엔

□ 항공우편으로 하실 거예요, 아니면 일반편지로 하실 거예요?

您要寄航空信，还是平信？
nín yào jì háng kōng xìn   hái shì píng xìn
닌 야오 지 항 콩 씬   하이 스 핑 씬

소포를 부칠 때

□ 소포를 부치고 싶은데요.

我要寄包裹。
wǒ yào jì bāo gǔo
워 야오 지 빠오 궈

□ 먼저 박스로 포장해주세요.

您先用包装箱包装好。
nín xiān yòng bāo zhuāng xiāng bāo zhuāng hǎo
닌 씨엔 용 빠오 주앙 씨앙 빠오 주앙 하오

□ 박스 하나에 얼마예요?

包装箱一个多少钱?
bāo zhuāng xiāng yī gè duō shǎo qián
빠오 주앙 씨앙 이 거 뚸 샤오 치엔

□ 집에 송금하고 싶은데요.

我要往家里邮钱。
wǒ yào wǎng jiā lǐ yóu qián
워 야오 왕 쟈 리 여우 치엔

□ 제일 빠른 송금 방법은 무엇인가요?

最快的汇款方式是什么?
zuì kuài de huì kuǎn fāng shì shì shén me
쭈이 콰이 더 후이 콴 팡 스 스 션 머

□ 난 은행에 지사로 송금하러 갑니다.

我去银行给分公司汇款。
wǒ qù yín háng gěi fēn gōng sī huì kuǎn
워 취 인 항 게이 펀 꿍 씨 후이 콴

□ 넌 집에 송금을 얼마나 했니?

你给家里寄多少钱?
nǐ gěi jiā lǐ jì duō shǎo qián
니 게이 쟈 리 지 뚸 샤오 치엔

□ 전신환을 이용하니 매우 편리합니다.

用电汇，也很方便。
yòng diàn huì yě hěn fāng biàn
용 디엔 후이   예 헌 팡 삐엔

□ 집의 부모님들께 송금하고 싶습니다.

我要给家里的父母汇款。
wǒ yào gěi jiā lǐ de fù mǔ huì kuǎn
워 야오 게이 쟈 리 더 푸 무 후이 콴

전화 이용의 표현

전화번호를 물을 때

□ 전화번호는 몇 번입니까?

电话号码是多少?
diàn huà hào mǎ shì duō shǎo
디엔 화 하오 마 스 뚸 샤오

□ 휴대폰 번호는 몇 번입니까?

你的手机号是多少?
nǐ dè shǒu jī hào shì duō shǎo
니 더 쇼우 지 하오 스 뚸 샤오

□ 휴대폰 번호는 011-1234-5678입니다.

我的手机号是011-1234-5678。
wǒ dè shǒu jī hào shì
워 더 쇼우 지 하오 스 링야오야오 야오얼싼쓰 우리우치빠

□ 팩스번호는 몇 번입니까?

传真号是多少?
chuán zhēn hào shì duō shǎo
추안 쩐 하오 스 뚸 샤오

전화를 찾을 때

□ 공중전화는 어디에 있습니까?

请问，共用电话在哪儿?
qǐng wèn　gòng yòng diàn huà zài nǎ　r
칭 원　꿍 융 띠엔 화 짜이 날

□ 전화국은 어디 있나요?

电信局在哪儿?
diàn xìn jú zài nǎ　r
디엔 씬 쥐 짜이 날

□ 어디서 국제전화를 할 수 있나요?

在哪里能打国际电话?
zài nǎ　lǐ néng dǎ guó jì diàn huà
짜이 나 리 넝 따 궈 지 띠엔 화

□ 여보세요.

喂。
wèi
웨이

□ 여보세요, 안녕하세요! 베이징 호텔입니까?

喂，您好！是北京饭店吗？
wèi　　nín hǎo　　shì běi jīng fàn diàn mǎ
웨이　닌 하오　스 베이 징 판 띠엔 마

□ 이 선생님 계십니까?

李先生在吗？
lǐ xiān shēng zài mǎ
리 씨엔 성 짜이 마

□ 왕 선생님 좀 바꿔 주세요.

请让王先生接电话。
qǐng ràng wáng xiān shēng jiē diàn huà
칭 랑 왕 씨엔 셩 지에 띠엔 화

□ 750호실로 연결해 주십시오.

请转750号房间。
qǐng zhuǎn　　hào fáng jiān
칭 쫜 치바이우스 하오 팡 지엔

□ 237번으로 연결해 주세요.

请转二三七。
qǐng zhuǎn èr sān qī
칭 쫜 얼 싼 치

□ 국제전화를 하고 싶은데요.

我要打国际长途。
wǒ yào dǎ guó jì cháng tú
워 야오 따 궈 지 창 투

□ 어느 곳에 거시겠습니까?

您打到哪儿？
nín dǎ dào nǎ r
닌 따 따오 날

□ 한국 서울로 걸고 싶은데요.

我想打到韩国汉城。
wǒ xiǎng dǎ dào hán guó hàn chéng
워 씨앙 따 따오 한 궈 한 청

□ 전화번호가 어떻게 됩니까?

电话号码是多少?
diàn huà hào mǎ shì duō shǎo
띠엔 후아 하오 마 스 뚸 샤오

□ 잠시만 기다리십시오.

请稍等。
qǐng shāo děng
칭 샤오 덩

□ 전화가 연결되었습니다.

您的电话接通了。
nín dè diàn huà jiē tōng le
닌 더 띠엔 화 지에 퉁 러

□ 말씀하십시오.

请讲。
qǐng jiǎng
칭 지앙

□ 전화 왔어요.

来电话了。
lái diàn huà le
라이 디엔 화 러

□ 전화 왔어요. 빨리 받아요.

来电话了，快来接。
lái diàn huà le   kuài lái jiē
라이 디엔 화 러 콰이 라이 지에

□ 전화 반갑습니다.

很高兴接到你的电话。
hěn gāo xīng jiē dào nǐ dè diàn huà
헌 까오 씽 지에 따오 니 더 디엔 화

□ 오랫동안 전화가 없었군요.

好久没来电话了。
hǎo jiǔ méi lái diàn huà le
하오 지우 메이 라이 디엔 화 러

□ 전화 너무 반갑습니다.

很高兴听到你的声音。
hěn gāo xīng tīng dào nǐ dè shēng yīn
헌 까오 씽 팅 따오 니 더 성 인

□ 전화 고맙습니다.

谢谢你的电话。
xiè xie nǐ dè diàn huà
씨에 시에 니 더 띠엔 화

□ 용건이 뭐지요?

您有什么事?
nín yǒu shén mè shì
닌 여우 션 머 스

□ 무슨 일이세요, 이렇게 급하게?

什么事，这么着急。
shén mè shì　　zhè mè zháo jí
션 머 스　　쩌 머 자오 지

□ 무슨 일로 찾으세요?

您找她有事吗?
nín zhǎo tā yǒu shì ma
닌 자오 타 여우 스 마

□ 여여는 금방 나갔는데 무슨 일로 찾으세요?

丽丽刚出去，找她有啥事儿。
lì lì gāng chū qù　　zhǎo tā yǒu shá shì r
리 리 깡 추 취　　자오 타 여우 샤 셜

□ 지금 다른 사람과 통화중인데 무슨 용건이세요?

她正在接其他电话，您有什么事?
tā zhèng zài jiē qí tā diàn huà　　nín yǒu shén mè shì
타 쩡 짜이 지에 치 타 띠엔 화　　닌 여우 션 머 스

171

□ 그는 갑자기 전화를 끊어버렸어.

他突然挂断了电话。
tā tū rán guà duàn le diàn huà
타 투 란 꽈 뚜안 러 띠엔 화

□ 전화가 갑자기 끊어졌어.

电话突然被挂断了。
diàn huà tū rán bèi guà duàn le
띠엔 화 투 란 빼이 꽈 뚜안 러

□ 그는 말을 채 듣지도 않고 전화를 끊어버렸어.

他没听完就挂了电话。
tā méi tīng wán jiù guà le diàn huà
타 메이 팅 완 지우 꽈 러 띠엔 화

□ 그녀가 전화를 끊었어.

她把电话挂了。
tā bǎ diàn huà guà le
타 바 띠엔 화 꽈 러

□ 통화중입니다.

占线。
zhān xiàn
잔 씨엔

□ 사장님은 지금 통화중이시니 잠시만 기다리세요.

老板正在通话中，您稍等。
lǎo bǎn zhèng zài tōng huà zhōng   nín shāo děng
라오 반 쩡 짜이 통 화 쫑   닌 샤오 덩

□ 전화기를 잘못 놓아서 통화가 안 되는가 봅니다.

电话好象没放好，无法接通。
diàn huà hǎo xiàng méi fàng hǎo   wú fǎ jiē tōng
띠엔 화 하오 씨앙 메이 팡 하오 우 파 지에 통

□ 잡음이 납니다.

有杂音。
yǒu zá yīn
여우 짜 인

□ 전화가 잡음이 많아서 잘 들리지 않습니다.

电话有杂音，听不清楚。
diàn huà yǒu zá yīn　tīng bù qīng chǔ
띠엔 화 여우 짜 인　팅 부 칭 추

□ 전화신호가 약해서 잡음이 많이 들립니다.

电话信号很不好，杂音很多。
diàn huà xìn hào hěn bù hǎo　zá yīn hěn duō
띠엔 화 씬 하오 헌 뿌 하오　짜 인 헌 뚸

□ 잡음이 많으니 다시 전화해보세요.

杂音非常大，请重新再打一次吧。
zá yīn fēi cháng dà　qǐng zhòng xīn zài dǎ yī cì ba
짜 인 페이 창 따　칭 쭝 씬 짜이 따 이 츠 바

□ 너 전화국에 연락은 했었니?

你给电话局打电话了吗？
nǐ gěi diàn huà jú dǎ diàn huà le ma
니 게이 띠엔 화 쥐 따 띠엔 화 러 마

□ 여보세요, 안녕하세요. 이 선생님 부탁드립니다.

喂，你好！请找一下李老师。
wèi　nǐ hǎo　qǐng zhǎo yī xià lǐ lǎo shī
웨이　니 하오　칭 자오 이 쌰 리 라오 스

□ 잠시만 기다리세요.

请稍等。
qǐng shāo děng
칭 샤오 덩

□ 선생님, 실례지만 누굴 찾으십니까?

先生，请问您找谁？
xiān shēng　qǐng wèn nín zhǎo shéi
씨엔 셩　칭 원 닌 자오 쉐이

□ 선생님, 누굴 찾으시는지 제가 도와드릴까요?

先生，您找哪一位？需要我帮忙吗？
xiān shēng　nín zhǎo nǎ yī wèi　xū yào wǒ bāng máng ma
씨엔 셩　닌 자오 나 이 웨이　쒸 야오 워 빵 망 마

전화를
바꿔줄 때

173

□ 중요한 통화중이니 잠깐만 기다려 주실래요?

我在接很重要的电话，稍等一下好吗?
wǒ zài jiē hěn zhòng yào de diàn huà　shāo děng yī xià hǎo ma
워 짜이 지에 헌 중 야오 더 띠엔 화　샤오 덩 이 쌰 하오 마

□ 전화를 끊지 마세요. 금방 연결해드릴게요.

请先别挂断电话，马上给您接上。
qǐng xiān bié guà duàn diàn huà　mǎ shàng gěi nín jiē shàng
칭 씨엔 비에 꽈 뚜안 띠엔 화　마 샹 게이 닌 지에 샹

□ 저에게 전화하라고 전해주세요.

让他给我回电话。
ràng tā gěi wǒ huí diàn huà
랑 타 게이 워 후이 띠엔 화

□ 그가 오면 너에게 전화하라고 전할게.

等他来了我让他给你去电话。
děng tā lái le wǒ ràng tā gěi nǐ qù diàn huà
떵 타 라이 러 워 랑 타 게이 니 취 띠엔 화

□ 나중에 다시 전화 줄게.

现在很忙我回头再给你打电话。
xiàn zài hěn máng wǒ huí tóu zài gěi nǐ dǎ diàn huà
씨엔 짜이 헌 망 워 후이 터우 짜이 게이 니 따 띠엔 화

□ 김씨가 들어오는 대로 전화 드리라고 전할게요.

等小金回来，让他给您去电话。
děng xiǎo jīn huí lái　ràng tā gěi nín qù diàn huà
떵 쌰오 진 후이 라이　랑 타 게이 닌 취 띠엔 화

□ 난 지금 몹시 바쁘거든. 잠시 후에 전화 다시 해줄게.

我现在很忙。过一会儿再给你回电话。
wǒ xiàn zài hěn máng　guò yī huì r zài gěi nǐ huí diàn huà
워 씨엔 짜이 헌 망　꿔 이 후알 짜이 게이 니 후이 띠엔 화

□ 전화 기다릴게.

我等你电话。
wǒ děng nǐ diàn huà
워 덩 니 띠엔 화

<table>
<tr><td>전화를 잘못
걸었을 때</td><td>

□ 잘못 걸었습니다.

我打错了。
wǒ dǎ cuò le
워 따 춰 러

□ 죄송합니다. 잘못 거셨습니다.

对不起，您打错了。
duì bù qǐ　　nín dǎ cuò le
뚜이 부 치　　닌 따 춰 러

□ 전화번호를 잘못 눌렀습니다.

我拨错号码了。
wǒ bō cuò hào mǎ le
워 뽀 춰 하오 마 러

□ 번호를 잘못 누르신 것 같은데요. 여기는 가정집입니다.

您好象拨错号了，我这里是个人家。
nín hǎo xiàng bō cuò hào le　　wǒ zhè lǐ shì gè rén jiā
닌 하오 씨앙 뽀 춰 하오 러　워 쩌 리 스 거 런 쟈

□ 잘못 거셨네요. 여기는 왕 선상님 집이 아닙니다.

你拨错了，这不是王先生家。
nǐ bō cuò le　　zhè bú shì wáng xiān shēng jiā
니 뽀 춰 러　　쩌 부 스 왕 씨엔 셩 쟈

</td></tr>
<tr><td>장난전화</td><td>

□ 장난전화를 받다.

接奇怪的电话。
jiē qí guài dē diàn huà
지에 치 꽈이 더 띠엔 화

□ 요사이 이상한 전화만 와.

这两天总有奇怪的电话打来。
zhè liǎng tiān zǒng yǒu qí guài dē diàn huà dǎ lái
쩌 리앙 티엔 쫑 여우 치 꽈이 더 디엔 화 따 라이

□ 요즘 자꾸 이상한 전화가 와. 느군지 모르겠어.

这几天老有奇怪的电话，不知是谁打的。
zhè jǐ tiān lǎo yǒu qí guài dē diàn huà　　bù zhī shì shéi dǎ dē
쩌 지 티엔 라오 여우 치 꽈이 더 띠엔 화 뿌즈 스 쉐이 따 더

</td></tr>
</table>

인터넷 이용의 표현

컴퓨터

□ 그는 네티즌이야.

他是个网民。
tā shì gè wǎng mín
타 스 거 왕 민

□ 그는 인터넷 하기를 좋아하는 네티즌입니다.

他是个很爱上网的网虫。
tā shì gè hěn ài shàng wǎng dè wǎng chóng
타 스 거 헌 아이 샹 왕 더 왕 충

□ 나는 시간이 있으면 인터넷을 합니다.

我一有时间就进行网络漫游。
wǒ yī yǒu shí jiān jiù jìn xíng wǎng luò màn yóu
워 이 여우 스 지엔 지우 진 씽 왕 뤄 만 여우

□ 이명은 인터넷에 푹 빠진 네티즌입니다.

李明是个地地道道的网虫。
lǐ míng shì gè dì dì dào dào dè wǎng chóng
리 밍 스 거 띠 디 따오 따오 더 왕 충

□ 그는 컴퓨터 도사입니다. 컴퓨터

他是电脑高手。
tā shì diàn nǎo gāo shǒu
타 스 띠엔 나우 까오 쇼우

□ 개인 사이트를 만들고 싶습니다.

我想建立个人网站。
wǒ xiǎng jiàn lì gè rén wǎng zhàn
워 씨앙 지엔 리 거 런 왕 짠

□ 회사의 홍보 효과를 높이려면 사이트를 만들어야 합니다.

要想加大公司宣传力度应该建立网站。
yào xiǎng jiā dà gōng sī xuānchuán lì dù yīng gāi jiàn lì wǎngzhàn
야오 씨앙 쟈 따 꿍 쓰 쑤안 추안 리 뚜 잉 까이 지엔 리 왕 잔

□ 난 전산학과에 진학하려고 해.

我打算考计算机系。
wǒ dǎ suàn kǎo jì suàn jī xì
워 따 수안 카오 지 수관 지 씨

□ 컴퓨터를 배운지 얼가 안 되어서 익숙하지 못합니다.

刚学电脑没多久，还不熟练。
gāng xué diàn nǎo méi duō jiǔ　hái bù shú liàn
깡 쉐 띠엔 나우 메이 뭐 지우 하이 뿌 수 리엔

□ 노트북 한 대 있으면 매우 편리할 텐데.

有个手提电脑应该很方便。
yǒu gè shǒu tí diàn nǎo yīng gāi hěn fāng biàn
여우 거 쇼우 티 띠엔 나우 잉 까이 헌 팡 비엔

□ 인터넷은 자주 합니까?

你经常上网吗？
nǐ jīng cháng shàng wǎng ma
니 찡 창 샹 왕 마

□ 어떤 사이트 잘 들어갑니까?

你喜欢进哪个网站？
nǐ xǐ huān jìn nǎ gè wǎng zhàn
니 씨 후안 찐 나 거 왕 짠

□ [야후] 사이트 많이 들어갑니다.

我喜欢进yahoo网站。
wǒ xǐ huān jìn　　wǎng zhàn
워 씨 후안 찐 야 후 왕 짠

□ 내일 오전 10시에 인터넷에서 만나자.

明天上午十点登录，到时见。
míng tiān shàng wǔ shí diǎn dēng lù　dào shí jiàn
밍 티엔 샹 우 스 디엔 덩 뤼　따오 스 지엔

□ 난 이미 사이트에 접속했어. 넌?

我已经进入网站了，你呢？
wǒ yǐ jīng jìn rù wǎng zhàn le　nǐ ne
워 이 징 찐 루 왕 짠러　니 너

□ 우리 회사의 인터넷 사이트 주소를 알려줄게.

我告诉你我们公司的网站地址。
wǒ gào sù nǐ wǒ mèn gōng sī dè wǎng zhàn dì zhǐ
워 까오 쑤 니 워 먼 꿍 쓰 더 왕 짠 띠 즈

□ 저번에 접속했던 그 사이트 주소 기억하니?

你记得上次那个站点的地址吗?
nǐ jì dé shàng cì nà gè zhàn diǎn dè dì zhǐ ma
니 지 더 샹 츠 나 거 짠 디엔 더 띠 즈 마

□ 넌 매일 인터넷을 하니?

你每天都在上网吗?
nǐ měi tiān dōu zài shàng wǎng ma
니 메이 티엔 떠우 자이 샹 왕 마

□ 우리 두 사람은 인터넷 채팅을 통해 알게 되었어.

我们俩是通过网上交流认识的。
wǒ mèn liǎ shì tōng guò wǎng shàng jiāo liú rèn shí dè
워 먼 랴 스 통 귀 왕 샹 쟈오 리우 런 스 더

□ 인터넷에서 친구를 사귀는 것은 좋은 방법이야.

网上交朋友, 也是一种好方法。
wǎng shàng jiāo péng yǒu   yě shì yī zhǒng hǎo fāng fǎ
왕 샹 쟈오 펑 여우   예 스 이 종 하오 팡 파

□ 인터넷에서 채팅도 자주 하고 있어요.

我常常上网聊天。
wǒ cháng cháng shàng wǎng liáo tiān
워 창 창 샹 왕 랴오 티엔

□ 이메일 보냈는데 왜 받지 못했습니까?

我给你发电子邮件你怎么收不到啊?
wǒ gěi nǐ fā diàn zǐ yóu jiàn nǐ zěn mè shōu bù dào ā
워 게이 니 파 띠엔 즈 여우 지엔 니 쩐 머 쇼우 부 따오 아

□ 이메일 함이 꽉 찼습니다.

我的信箱满了。
wǒ dè xìn xiāng mǎn le
워 더 씬 씨앙 만 러

□ 어디서 그렇게 많은 이메일이 옵니까?

哪来那么多的信？
nǎ lái nà me duō de xìn
나 라이 나 머 뚸 더 씬

□ 스팸메일이 아주 많아. 지워야겠어.

有很多垃圾邮件，该删了。
yǒu hěn duō lā jī yóu jiàn gāi shān le
여우 헌 뚸 라 지 여우 지엔 까이 샨 러

□ 나는 그에게 이메일을 자주 보냅니다.

我常给他发电子邮件。
wǒ cháng gěi tā fā diàn zǐ yóu jiàn
워 창 게이 타 파 띠엔 쯔 여우 지엔

□ 요즘 스팸메일이 너무 많이 와.

现在垃圾邮件来得太多了。
xiàn zài lā jī yóu jiàn lái dé tài duō le
씨엔 짜이 라 지 여우 지인 라이 드 타이 뚸 러

인터넷 쇼핑

□ 인터넷 쇼핑은 아주 편리합니다.

网上购物很方便。
wǎng shàng gòu wù hěn fāng biàn
왕 샹 꺼우 우 헌 팡 비엔

□ 인터넷 쇼핑은 집을 나가지 않고도 가능합니다.

网上购物可以足不出户。
wǎng shàng gòu wù kě yǐ zú bù chū hù
왕 샹 꺼우 우 커 이 주 뿌 추 후

□ 인터넷 쇼핑을 자주 이용합니까?

你经常利用购物网站吗？
nǐ jīng cháng lì yòng gòu wù wǎng zhàn ma
니 찡 창 리 용 꺼우 우 왕 짠 마

□ 인터넷 뱅킹을 이용하니 너무 편리합니다.

使用网上结帐，实在是太方便了。
shǐ yòng wǎng shàng jié zhàng shí zài shì tài fāng biàn le
스 융 왕 샹 지에 짱 스 짜이 스 타이 팡 비엔 러

여가·취미의 표현

여가에 대해
물을 때

□ 주말에는 주로 무엇을 합니까?

周末主要干什么?
zhōu mò zhǔ yào gàn shén me
조우 머 주 야오 깐 션 머

□ 여가를 어떻게 보내세요?

你怎么打发闲暇?
nǐ zěn me dǎ fā xián xiá
니 쩐 머 따 파 씨엔 쌰

□ 기분전환으로 무얼 하십니까?

你用什么转换心情?
nǐ yòng shén me zhuǎn huàn xīn qíng
니 융 썬 머 주안 후안 씬 칭

□ 주말에 무슨 계획이 있으세요?

周末有什么计划吗?
zhōu mò yǒu shén me jì huá ma
조우 머 여우 션 머 지 화 마

□ 휴일에 무얼 하실 겁니까?

假日打算干什么?
jiǎ rì dǎ suàn gàn shén me
쟈 르 따 쑤안 깐 션 머

□ 일과 후에 무엇을 하세요?

工作之余干什么?
gōng zuò zhī yú gàn shén me
꿍 쮜 즈 위 깐 션 머

□ 그저 집에 있을 겁니다.

我打算待在家里。
wǒ dǎ suàn dài zài jiā lǐ
워 따 쑤안 따이 짜이 쟈 리

□ 취미는 무엇입니까?

你的爱好是什么？
nǐ de ài hǎo shì shén me
니 더 아이 하오 스 션 마

□ 제 취미는 독서입니다

我的爱好是读书。
wǒ de ài hǎo shì dú shū
워 더 아이 하오 스 두 수

□ 제 취미는 음악감상입니다.

我爱好听音乐。
wǒ ài hǎo tīng yīn lè
워 아이 하오 팅 인 러

□ 가끔 볼링을 칩니다.

我有时打保龄球。
wǒ yǒu shí dǎ bǎo líng qiú
워 여우 스 따 빠오 링 치우

□ 나는 낚시를 좋아합니다.

我喜欢钓鱼。
wǒ xǐ huān diào yú
워 씨 후안 땨오 위

□ 좋은 취미를 가지셨군요.

你有挺不错的爱好。
nǐ yǒu tǐng bú cuò de ài hǎo
니 여우 팅 부 춰 더 아이 하오

□ 사람마다 각자의 취미가 있습니다.

人们都有各自喜好。
rén mèn dōu yǒu gè zì xǐ hǎo
런 먼 떠우 여우 꺼 즈 씨 하오

□ 취미는 사람마다 다릅니다.

青菜萝卜各有所好。
qīng caì luó bǔ gè yǒu suǒ hǎo
칭 차이 뤄 뿌 꺼 여우 쒀 하오

□ 저의 취미는 다양해요.

我的兴趣很广泛。
wǒ de xīng qù hěn guǎng fàn
워 더 씽 취 헌 꽝 판

□ 저는 그런 일에는 별로 취미가 없습니다.

我对那些事没什么兴趣。
wǒ duì nà xiē shì méi shén me xīng qù
워 뚜이 나 씨에 쓰 메이 션 머 씽 취

□ 무엇을 수집하십니까?

你收集什么?
nǐ shōu jí shén me
니 쇼우 지 션 머

□ 나는 등산을 좋아하게 되었습니다.

我喜欢上了登山。
wǒ xǐ huān shàng le dēng shān
워 씨 후안 샹 러 떵 샨

□ 흥미를 가지게 되었습니다.

产生了兴趣。
chǎn shēng le xīng qù
창 셩 러 씽 취

□ 나는 낚시에 흥미가 생겼습니다.

我喜欢上了钓鱼。
wǒ xǐ huān shàng le diào yú
워 씨 후안 샹 러 땨오 위

□ 음악을 좋아하십니까?

你爱听音乐吗?
nǐ ài tīng yīn lè ma
니 아이 팅 인 러 마

□ 어떤 악기를 다루십니까?

你会哪些乐器?
nǐ huì nǎ xiē lè qì
니 후이 나 씨에 러 치

□ 이 부근에 노래방이 있습니까?

这附近有没有歌舞厅？
zhè fù jìn yǒu méi yǒu gē wǔ tīng
쩌 푸 찐 여우 메이 여우 거 우 팅

□ 무슨 노래를 좋아하세요?

你唱什么歌？
nǐ chàng shén me gē
니 창 션 머 꺼

□ 당신이 선곡하세요?

你唱什么歌 ？
nǐ chàng shén me gē
니 창 션 머 거

□ 한국 노래를 할 줄 아세요?

你会唱韩国歌吗？
nǐ huì chàng hán guó gē ma
니 후이 창 한 궈 꺼 마

□ 어떤 영화를 좋아하십니까?

你喜欢什么样的电影？
nǐ xǐ huān shén me yàng de diàn yǐng
니 씨 후안 션 머 양 더 띠엔 잉

□ 저는 영화 관람을 좋아합니다.

我喜欢看电影。
wǒ xǐ huān kàn diàn yǐng
워 씨 후안 칸 띠엔 잉

□ 연극 구경을 좋아하십니까?

你喜欢看戏吗？
nǐ xǐ huān kàn xì ma
니 씨 후안 칸 씨 마

□ 이 부근에 디스코장이 있나요?

这附近有迪斯科舞厅吗？
zhè fù jìn yǒu dí sī kē wǔ tīng ma
쩌 푸 찐 여우 디 쓰 커 우 팅 마

□ 나는 여행을 좋아합니다.

我喜欢旅行。
wǒ xǐ huān lǚ xíng
워 씨 환 뤼 씽

□ 어디로 휴가를 가셨어요?

到哪儿休假去了?
dào nǎ r xiū jiǎ qù le
따오 날 씨우 쟈 취 러

□ 해외여행을 가신 적이 있습니까?

你到过海外旅游吗?
nǐ dào guò hǎi wài lǚ yóu mǎ
니 따오 궈 하이 와이 뤼 여우 마

□ 해외여행은 이번이 처음입니다.

到海外这是第一次。
dào hǎi wài zhè shì dì yī cì
따오 하이 와이 쩌 스 띠 이 츠

□ 그곳에 얼마나 계셨습니까?

你在那里逗留了多长时间?
nǐ zài nà lǐ dòu liú le duō cháng shí jiān
니 짜이 나 리 떠우 리우 러 뚸 창 쓰 지엔

□ 언젠가 세계일주를 하고 싶어요.

我想找机会周游世界。
wǒ xiǎng zhǎo jī huì zhōu yóu shì jiè
워 썅 자오 지 후이 조우 여우 쓰 지에

□ 여행은 어땠어요?

旅行怎么样?
lǚ xíng zěn me yàng
뤼 씽 쩐 머 양

□ 여행은 즐거우셨나요?

旅途愉快吗?
lǚ tú yú kuài mǎ
뤼 투 위 콰이 마

□ 어떤 책을 즐겨 읽으십니까?

你喜欢读什么样的书？
nǐ xǐ huān dú shén me yàng dè shū
니 씨 후안 두 션 머 양 더 수

□ 주로 애정소설을 읽습니다.

主要看言情小说。
zhǔ yào kàn yán qíng xiǎo shuō
주 야오 칸 옌 칭 쌰오 슈

□ 저는 손에 잡히는 대로 다 읽습니다.

我是随意，逮什么读什么。
wǒ shì suí yì   dǎi shén me dú shén me
워 스 쑤이 이   따이 션 머 두 션 머

□ 책을 많이 읽으십니까?

你读书很多吗？
nǐ dú shū hěn duō mǎ
니 두 수 헌 뚸 마

□ 이 책은 재미없어요.

这本没意思。
zhè běn méi yì sī
쩌 번 메이 이 쓰

□ 좋아하는 작가는 누구입니까?

你喜欢的作家是谁？
nǐ xǐ huān dè zuò jiā shì shéi
니 씨 환 더 쮜 쟈 스 쉐이

□ 요즘 베스트셀러는 무엇입니까?

最近的畅销书是什么？
zuì jìn dè chàng xiāo shū shì shén me
쭈이 찐 더 창 쌰오 수 스 션 머

□ 무슨 신문을 보십니까?

你看什么报纸？
nǐ kàn shén me bào zhǐ
니 칸 션 머 빠오 즈

스포츠에 관한 표현

<table>
<tr><td>스포츠를
화제로 할 때</td><td>

□ 운동을 좋아하십니까?

你喜欢运动吗?
nǐ xǐ huān yùn dòng ma
니 씨 후안 윈 뚱 마

□ 어떤 운동을 할 줄 아세요?

你会什么运动?
nǐ huì shén me yùn dòng
니 후이 션 머 윈 둥

□ 저는 운동이라면 다 좋아합니다.

只要是运动，我都喜欢。
zhǐ yào shì yùn dòng　wǒ dōu xǐ huān
즈 야오 스 윈 둥　워 떠우 씨 후안

□ 무슨 운동을 하십니까?

你做什么运动？
nǐ zuò shén me yùn dòng
니 쭤 션 머 윈 둥

□ 일주일에 두 번 조깅을 합니다.

我一周跑两次步。
wǒ yī zhōu pǎo liǎng cì bù
워 이 저우 파오 량 츠 뿌

□ 일요일이면 언제나 등산을 합니다.

每星期日我都去爬山。
měi xīng qī rì wǒ dōu qù pá shān
메이 씽 치 르 워 떠우 취 파 산

□ 저는 운동을 구경만 합니다.

我只看运动。
wǒ zhǐ kàn yùn dòng
워 즈 칸 윈 둥

</td></tr>
</table>

□ 저도 테니스를 좋아합니다.

我也喜欢网球。
wǒ yě xǐ huān wǎng qiú
워 예 씨 후안 왕 치우

□ 야구를 좀 합니다.

我会打点儿棒球。
wǒ huì dǎ diǎn r bàng qiú
워 후이 따 디알 빵 치우

□ 수영을 할 줄 아나요?

你会游泳吗?
nǐ huì yóu yǒng ma
니 후이 여우 용 마

□ 골프를 좋아하십니까?

你喜欢高尔夫球吗?
nǐ xǐ huān gāo 'ěr fū qiú ma
니 씨 후안 까오 얼 푸 치우 마

□ 테니스를 칠 줄 압니까?

你会打网球吗?
nǐ huì dǎ wǎng qiú ma
니 후이 따 왕 치우 마

스포츠 관전　□ 어디서 입장권을 삽니까?

在哪儿买入场券?
zài nǎ r mǎi rù chǎng quàn
짜이 날 마이 루 창 취엔

□ 누구와 누구의 경기입니까?

谁跟谁比赛?
shéi gēn shéi bǐ sài
쉐이 껀 쉐이 비 싸이

□ 경기가 어떻습니까?

踢得怎么样?
tī dé zěn me yàng
티 더 쩐 머 양

□ 어제 저녁의 경기는 무승부로 끝났습니다.

昨晚的那场比赛打成了平局。
zuó wǎn dè nà chǎng bǐ sài dǎ chéng le píng jú
쭤 완 더 나 창 비 싸이 따 청 러 핑 쥐

□ 어제 우리 팀은 상대 팀을 완승했습니다.

我们队昨天彻底打败了对手。
wǒ mèn duì zuó tiān chè dǐ dǎ bài le duì shǒu
워 먼 뚜이 쭤 티엔 처 띠 따 빠이 러 뚜이 쇼우

□ 시합 결과는 예측하기 힘듭니다.

比赛结果是很难预测的。
bǐ sài jié guǒ shì hěn nán yù cè dè
비 싸이 지에 꿔 스 헌 난 위 처 더

□ 어제 권투 경기가 매우 재밌었습니다.

昨天的拳击比赛很精彩。
zuó tiān dè quán jī bǐ sài hěn jīng cǎi
쭤 티엔 더 취엔 지 비 싸이 헌 징 차이

□ 오늘 경기 결과는 어떻게 되었습니까?

今天的比赛结果怎么样?
jīn tiān dè bǐ sài jié guǒ zěn mè yàng
찐 티엔 더 비 싸이 지에 꿔 쩐 머 양

□ 우리 팀이 졌습니다.

我们队输了。
wǒ mèn duì shū le
워 먼 뚜이 수 러

□ 우리 팀은 3대 1로 앞서고 있습니다.

我们队以三比一领先。
wǒ mèn duì yǐ sān bǐ yī lǐng xiān
워 먼 뚜이 이 싼 비 이 링 씨엔

□ 현재 스코어는 어떻게 되었습니까?

现在场上比分是多少?
xiàn zài chǎng shàng bǐ fēn shì duō shǎo
씨엔 짜이 창 샹 비 펀 스 뚸 샤오

연예에 관한 표현

텔레비전

□ 오늘 저녁에는 무슨 프로그램이 있습니까?

今晚播放什么节目?
jīn wǎn bō fàng shén mè jié mù
찐 완 뽀 팡 션 머 지에 무

□ 오늘 재미있는 텔레비전 프로그램이 있나요?

今天，电视有什么好的节目没有?
jīn tiān diàn shì yǒu shén mè hǎo dè jié mù méi yǒu
찐 티엔 띠엔 쓰 여우 션 머 하오 더 지에 무 메이 여우

□ 오늘 저녁 텔레비전에서 어떤 프로그램을 방송합니까?

今天晚上电视上映什么节目?
jīn tiān wǎn shàng diàn shì shàng yìng shén mè jié mù
찐 티엔 완 샹 띠엔 쓰 샹 잉 션 머 지에 무

□ 지금 방송하고 있는 프로그램은 뭡니까?

现在电视播的是什么?
xiàn zài diàn shì bō de shì shér mè
씨엔 짜이 띠엔 쓰 뽀 더 스 션 머

□ 어젯밤 텔레비전 영화 어땠어?

昨晚的电视电影怎么样?
zuó wǎn dè diàn shì diàn yǐng zěn mè yàng
쭤 완 더 띠엔 쓰 띠엔 잉 쩐 머 양

영 화

□ 그 영화는 몇 시에 합니까?

那部电影几点上映?
nà bù diàn yǐng jǐ diǎn shàng yìng
나 뿌 띠엔 잉 지 디엔 샹 잉

□ 어떤 프로가 상영되고 있습니까?

播放什么节目?
bō fàng shén mè jié mū
뽀 팡 션 머 지에 무

□ 오늘 저녁에 무슨 영화를 상영합니까?

今晚演什么电影?
jīn wǎn yǎn shén mè diàn yǐng
찐 완 옌 션 머 띠엔 잉

□ 중국 영화를 좋아하십니까?

你喜欢中国电影吗?
nǐ xǐ huān zhōng guó diàn yǐng mà
니 씨 후안 중 궈 띠엔 잉 마

□ 어느 배우를 가장 좋아하십니까?

你最喜欢哪个演员?
nǐ zuì xǐ huān nǎ ge yǎn yuán
니 쭈이 씨 후안 나 거 옌 위엔

□ 영화 배우 중 누굴 가장 좋아합니까?

你喜欢哪一位电影明星?
nǐ xǐ huān nǎ yī wèi diàn yǐng míng xīng
니 씨 후안 나 이 웨이 띠엔 잉 밍 씽

□ 자주 영화 구경을 가십니까?

你常去看电影吗?
nǐ cháng qù kàn diàn yǐng mà
니 창 취 칸 띠엔 잉 마

□ 저는 한 달에 두 번 영화를 봅니다.

一个月我看两场电影。
yī gè yuè wǒ kàn liǎng chǎng diàn yǐng
이 거 위에 워 칸 량 창 띠엔 잉

연극

□ 어떤 연극을 좋아하십니까?

你喜欢什么样的戏?
nǐ xǐ huān shén mè yàng dè xì
니 씨 후안 션 머 양 더 씨

□ 최근에 무슨 좋은 연극을 보셨습니까?

最近你看过什么好戏吗?
zuì jìn nǐ kàn guò shén mè hǎo xì mà
쭈이 찐 니 칸 궈 션 머 하오 씨 마

예술에 관한 표현

음악에 관해
말할 때

□ 어떤 음악을 가장 좋아하십니까?

你最爱听什么样的音乐?
nǐ zuì ài tīng shén me yàng de yīn lè
니 쭈이 아이 팅 션 머 양 더 인 러

□ 음반을 많이 갖고 계십니까?

你有许多唱片吗?
nǐ yǒu xǔ duō chàng piàn má
니 여우 쑤 뛰 창 피엔 마

□ 당신은 음악회에 자주 가십니까?

你常去音乐会吗?
nǐ cháng qù yīn lè huì má
니 창 취 인 러 후이 마

□ 저는 클래식 광입니다.

我是古典迷。
wǒ shì gǔ diǎn mí
워 스 꾸 디엔 미

□ 저는 경음악을 좋아합니다.

我喜欢轻音乐。
wǒ xǐ huān qīng yīn lè
워 씨 후안 칭 인 러

□ 어제 광장에서 음악회가 열렸습니다.

昨天在广场开了音乐会。
zuó tiān zài guǎng chǎng kāi le yīn lè huì
쭤 티엔 짜이 꾸앙 창 카이 러 인 러 후이

□ 나한테 콘서트 입장권 두 장 있는데, 같이 갈래요?

我有两张音乐会的票一起去吧。
wǒ yǒu liǎng zhāng yīn lè huì de piào yī qǐ qù ba
워 여우 량 장 인 러 후이 더 퍄오 이 치 취 바

□ 미술전시회에 가시겠습니까?

你去不去画展?
nǐ qù bú qù huà zhǎn
니 취 뿌 취 화 잔

□ 함께 미술전시회를 보러 갑시다.

一起去看美术展吧。
yī qǐ qù kàn měi shù zhǎn ba
이 치 취 칸 메이 수 짠 바

□ 이 작품은 어느 시대의 것입니까?

这个作品是哪个时代的?
zhè gè zuò pǐn shì nǎ gè shí dài de
쩌 거 쭤 핀 스 나 거 스 따이 더

□ 저는 그림 그리기를 좋아합니다.

我喜欢画画。
wǒ xǐ huān huà huà
워 시 후안 화 화

□ 정말 아름다운 작품인데요.

这个作品真是太美了。
zhè gè zuò pǐn zhēn shì tài měi le
쩌 거 쭤 핀 쩐 스 타이 메이 러

□ 저는 미술품 수집을 좋아합니다.

我喜欢搜集美术品。
wǒ xǐ huān sōu jí měi shù pǐn
워 씨 후안 쏘우 지 메이 수 핀

□ 그림을 아주 잘 그리시군요.

你画得真好。
nǐ huà dé zhēn hǎo
니 화 더 쩐 하오

□ 좋아하는 화가는 누군가요?

你喜欢的画家是谁?
nǐ xǐ huān de huà jiā shì shéi
니 씨 후안 더 화 쟈 스 쉐이

질병 · 사고에 관한 표현

건강에 관한 표현

**건강상태를
말할 때**

□ 건강은 어떠세요?

身体好吗?
shēn tǐ hǎo mǎ
션 티 하오 마

□ 요즘 건강은 어떠십니까?

你最近身体好吗?
nǐ zuì jìn shēn tǐ hǎo mǎ
니 쭈이 진 션 티 하오 마

□ 덕분에 저는 아주 건강합니다.

托你的福我很健康。
tuō nǐ dè fú wǒ hěn jiàn kāng
퉈 니 더 푸 워 헌 지엔 캉

□ 건강상태가 양호합니다.

身体状况良好。
shēn tǐ zhuàng kuàng liáng hǎo
션 티 쭈앙 쿠앙 량 하오

□ 요즘 몸이 좋지 않습니다.

这几天身体不不太好。
zhè jǐ tiān shēn tǐ bú bu tài hǎo
쩌 지 티엔 션 티 부 타이 하오

□ 몸이 불편합니다.

身体不舒服。
shēn tǐ bù shū fú
션 티 뿌 수 푸

□ 안색이 아주 창백합니다.

你脸色很苍白。
nǐ liǎn sè hěn cāng bái
니 리엔 써 헌 창 바이

194

□ 건강 유지를 위해 무엇을 하세요?

为保持健康，你都做些什么？
wèi bǎo chí jiàn kāng nǐ dōu zuò xiē shén me
웨이 빠오 츠 지엔 캉　니 떠우 쭤 씨에 션 머

□ 운동을 많이 하십니까?

你经常运动吗？
nǐ jīng cháng yùn dòng mà
니 찡 창 윈 뚱 마

□ 매일 조깅을 합니다.

我天天晨练。
wǒ tiān tiān chén liàn
워 티엔 티엔 천 리엔

□ 좋은 수면 습관은 건강에 유익합니다.

好的睡眠习惯对健康有益。
hǎo dè shuì mián xí guàn duì jiàn kāng yǒu yì
하오 더 수이 미엔 씨 꾸안 뚜이 지엔 캉 여우 이

□ 생활이 불규칙적이면 건강에 해롭습니다.

生活无规律对健康有害。
shēng huó wú guī lǜ duì jiàn kāng yǒu hài
성 훠 우 꾸이 뤼 뚜이 지엔 캉 여우 하이

□ 무공해 식품은 몸에 좋습니다.

绿色食品对身体有好处。
lǜ sè shí pǐn duì shēn tǐ yǒu hǎo chù
뤼 써 스 핀 뚜이 션 티 여우 하오 추

□ 일부 식품은 건강에 해롭습니다.

一些食品对健康有害。
yī xiē shí pǐn duì jiàn kāng yǒu hài
이 씨에 스 핀 뚜이 지엔 캉 여우 하이

□ 적당한 운동은 신체건강에 유익합니다.

适当的运动有利于身体健康。
shì dāng dè yùn dòng yǒu lì yú shēn tǐ jiàn kāng
스 땅 더 윈 뚱 여우 리 우 션 티 지엔 캉

병원에서의 표현

병의 증세를 물을 때

□ 어디가 아파서 왔습니까?

您是来看什么病的?
nín shì lái kàn shén me bìng de
닌 스 라이 칸 션 머 빙 더

□ 어디가 아프세요?

你哪儿生病了?
nǐ nǎ r shēng bìng le
니 날 셩 삥 러

□ 구체적으로 어디가 아프세요?

您具体哪儿疼?
nín jù tǐ nǎ r téng
닌 쥐 티 날 텅

□ 어디가 불편하세요?

哪儿觉得不舒服?
nǎ r jué de bù shū fú
날 쥐에 더 뿌 수 푸

□ 병명은 무엇입니까?

病名是什么?
bìng míng shì shén me
삥 밍 스 션 머

□ 증상을 좀 말씀해주시겠어요?

能告诉我有什么症状吗?
néng gào sù wǒ yǒu shén me zhèng zhuàng ma
넝 까오 수 워 여우 션 머 쩡 쭈앙 마

□ 어떤 증상이 있으십니까?

您都有什么症状?
nín dōu yǒu shén me zhèng zhuàng
닌 떠우 여우 션 머 쩡 쭈앙

□ 오한증세도 있죠?

是不还带寒战症状?
shì bù hái dài hán zhàn zhèng zhuàng
스 뿌 하이 따이 한 짠 쩡 쭈앙

□ 증상으로 보면 일반 감기입니다.

症状表明是一股感冒。
zhèng zhuàng biǎo míng shì yī bān gǎn mào
쩡 쭈앙 빠오 밍 스 이 빤 깐 마오

□ 통증 때문에 괴롭죠?

是不是疼得很难受?
shì bù shì téng dè hěn nán shòu
스 부 스 텅 더 헌 난 쇼우

□ 발열, 두통, 콧물이 나는 증상이 있습니다.

有发热，头痛．流鼻涕等症状。
yǒu fā rè   tóu tòng   liú bí tì děng zhèng zhuàng
여우 파 러   터우 통   리우 비 티 덩 쩡 쭈앙

□ 피로 때문에 근육까지 뭉쳤습니다.

因为疲劳肌肉都僵硬了。
yīn wéi pí láo jī ròu dōu jiāng yìng le
인 웨이 피 라오 지 러우 떠우 지앙 잉 러

□ 복부에 쑤시는 듯한 느낌이 있습니다.

我的腹部有刺痛的感觉。
wǒ dè fù bù yǒu cì tòng dè gǎn jué
워 더 푸 뿌 여우 츠 통 더 깐 쥐어

□ 한차례 심한 통증을 느꼈습니다.

感觉到了一阵剧烈的疼痛。
gǎn jué dào le yī zhèn jù liè dè téng tòng
깐 쥐에 따오 러 이 쩐 주 리에 더 텅 통

□ 그가 열이 많이 납니다.

他烧发得厉害。
tā shāo fā dé lì hài
타 샤오 파 더 리 하이

□ 그런 냄새만 맡으면 토하고 싶습니다.

一闻到那种气味我就想吐。
yī wén dào nà zhǒng qì wèi wǒ jiù xiǎng tǔ
이 원 따오 나 종 치 웨이 워 지우 씨앙 투

□ 피로 때문에 입술이 텄습니다.

因为疲劳，嘴唇都裂开了。
yīn wèi pí láo　zuǐ chún dōu liè kāi le
인 웨이 피 라오　쭈이 춘 떠우 리에 카이 러

□ 무엇 때문인지 머리가 약간 어지럽습니다.

不知怎么的头有点发昏。
bù zhī zěn me de tóu yǒu diǎn fā hūn
뿌 즈 쩐 머 더 터우 여우 디엔 파 훈

□ 현기증이 좀 납니다.

我有点头晕。
wǒ yǒu diǎn tóu yūn
워 여우 디엔 터우 윈

□ 너무 피곤해서 현기증이 납니다.

太累了，搞得我发昏。
tài lèi le　gǎo de wǒ fā hūn
타이 레이 러　까오 더 워 파 훈

신경외과에서　□ 다리가 약간 쑤시듯이 아픕니다.

我的腿有点刺痛。
wǒ de tuǐ yǒu diǎn cì tòng
워 더 투이 여우 디엔 츠 통

□ 다리가 저려서 걷지 못하겠습니다.

我因为腿麻走不动了
wǒ yīn wèi tuǐ má zǒu bù dòng le
워 인 웨이 투이 마 저우 부 똥 러

□ 병 때문에 두 손이 저립니다.

因为病症两手发麻。
yīn wèi bìng zhèng liǎng shǒu fā má
인 웨이 삥 쩡 리앙 쇼우 파 마

□ 다리를 다쳐서 많이 아파요.

我的腿受了伤，疼得厉害。
wǒ dè tuǐ shòu le shāng　téng de lì hài
워 더 투이 쇼우 러 샹　텅 더 리 하이

□ 무릎관절을 삐었습니다.

扭伤了膝关节。
niǔ shāng le　xī guān jié
니우 샹 러 씨 꽌 지에

□ 부주의해서 발목을 삐었습니다.

不小心捩伤了脚脖子。
bù xiǎo xīn liè shāng le jiǎo bó zi
뿌 쌰오 씬 리에 샹 러 쟈오 뽀 즈

□ 오른쪽 다리가 부러졌습니다.

我的右腿骨折了。
wǒ dè yòu tuǐ gǔ zhé le
워 더 여우 투이 꾸 저 러

□ 축구하다가 발가락에 채여 부러졌습니다.

踢球时被踢断了脚趾骨。
tī qiú shí bèi tī duàn le jiǎo zhǐ gǔ
티 치우 스 뻬이 티 뚜안 러 쟈오 즈 구

□ 타박상으로 다리가 많이 부었습니다.

被踢伤的腿肿得厉害。
bèi tī shāng dè tuǐ zhǒng dé lì hài
뻬이 티 샹 더 투이 종 더 리 하이

□ 부주의하여 손가락을 베었습니다.

不小心割伤了手指？
bù xiǎo xīn gē shāng liǎo shǒu zhǐ
뿌 쌰오 씬 거 샹 랴오 쇼우 즈

□ 부주의로 무릎을 다쳤어.

不小心碰伤了膝盖。
bù xiǎo xīn pèng shāng e xī gài
뿌 쌰오 씬 펑 샹 러 씨 가이

□ 햇볕에 까맣게 탔습니다.

他被太阳晒黑了。
tā bèi tài yáng shài hēi le
타 베이 타이 양 샤이 헤이 러

□ 모기한테 물려서 부었습니다.

被蚊子叮得都肿了。
bèi wén zǐ dīng dè dōu zhǒng le
뻬이 원 즈 띵 더 떠우 종 러

□ 손을 불에 데었습니다.

我的手被火烧伤了。
wǒ dè shǒu bèi huǒ shāo shāng le
워 더 쇼우 뻬이 훠 샤오 샹 러

□ 뜨거운 물을 엎질러서 손이 데였습니다.

我打翻了热水烫伤了手。
wǒ dǎ fān le rè shuǐ tàng shāng le shǒu
워 따 판 러 러 수이 탕 샹 러 쇼우

안과에서

□ 시력이 매우 안 좋습니다.

视力很差。
shì lì hěn chà
스 리 헌 차

□ 시력이 안 좋아서 안경을 씁니다.

视力不好, 所以戴眼镜。
shì lì bù hǎo suǒ yǐ dài yǎn jìng
스 리 뿌 하오　수워 이 따이 옌 징

□ 시력이 별로 좋지 않습니다.

视力不太好。
shì lì bú tài hǎo
스 리 부 타이 하오

치과에서

□ 이가 약간 흔들거립니다.

我的牙齿有点松动。
wǒ dè yá chǐ yǒu diǎn sōng dòng
워 더 야 츠 여우 디엔 쏭 뚱

□ 충치로 인해 많이 아픕니다.

因为虫牙疼得厉害。
yīn wéi chóng yá téng dè lì hài
인 웨이 총 야 텅 더 리 하이

□ 부주의로 이를 부딪쳐 부러뜨렸습니다.

不小心把牙齿给碰断了。
bù xiǎo xīn bǎ yá chǐ gěi pèng duàn le
뿌 샤오 씬 바 야 츠 게이 펑 뚜안 러

□ 병원에 가서 검사해 봤어요?

去医院检查了吗?
qù yī yuàn jiǎn chá le ma
취 이 위엔 지엔 차 러 마

□ 금년에 건강검진을 받아본 적이 있습니까?

今年你做过身体检查吗?
jīn nián nǐ zuò guò shēn tǐ jiǎn chá mà
찐 니엔 니 쭤 궈 션 티 지엔 차 마

□ 한번 건강검진을 받아보세요.

我建议你检查一下身体。
wǒ jiàn yì nǐ jiǎn chá yī xià shēn tǐ
워 지엔 이 니 지엔 차 이 쌰 션 티

□ 검사하려면 혈액검사를 해야 합니다.

要检查得做血液检查。
yào jiǎn chá dě zuò xiě yè jiǎn chá
야오 지엔 차 더 쭤 씨어 예 지엔 차

□ 의사 선생님이 무슨 병이라고 하셨습니까?

医生说是什么病?
yī shēng shuō shì shén mè bìng
이 성 수오 스 션 머 삥

□ 진단 결과는 어떻습니까?

诊断结果怎么样?
zhěn duàn jié guǒ zěn mè yàng
쩐 뚜안 지에 궈 쩐 머 양

□ 혈액검사 결과가 음성으로 나타났습니다.

血液检查结果, 是阴性。
xiě yè jiǎn chá jié guǒ   shì yīn xìng
씨에 예 지엔 차 지에 궈   스 인 씽

□ 수술을 받는다면서요?

听说你要动手术?
tīng shuō nǐ yào dòng shǒu shù
팅 수오 니 야오 뚱 셔우 수

□ 의사 선생님은 그에게 외과수술을 해야 한다고 했습니다.

医生要给他动外科手术。
yī shēng yào gěi tā dòng wài kē shǒu shù
이 셩 야오 게이 타 뚱 와이 커 셔우 수

□ 그는 최근에 수술을 받았습니다.

他最近做了手术。
tā zuì jìn zuò le shǒu shù
타 쭈이 진 쮀 러 셔우 수

 □ 그는 입원치료를 받아야 합니다.

他得住院治疗。
tā děi zhù yuàn zhì liáo
타 데이 주 위엔 즈 랴오

□ 그는 이미 입원했습니다.

他已经住了院。
tā yǐ jǐng zhù le yuàn
타 이 징 쭈 러 위엔

□ 그는 입원치료를 받아야 할 것 같습니다.

他可能得住院接受治疗。
tā kě néng děi zhù yuàn jiē shòu zhì liáo
타 커 넝 데이 쭈 위엔 지에 셔우 즈 랴오

□ 입원비는 언제 냅니까?

住院费什么时候交?
zhù yuàn fèi shén me shí hòu jiāo
쭈 위엔 페이 션 머 스 허우 쟈오

□ 그가 입원했어요. 병원에 병문안 가보세요.

他住了院，你到医院看看他吧。
tā zhù le yuàn　nǐ dào yī yuàn kàn kàn tā ba
타 쭈 러 위엔　니 따오 이 위엔 칸 칸 타 바

□ 어쩌다가 다치셨습니까?

你是怎么受伤的？
nǐ shì zěn me shòu shāng de
니 스 쩐 머 셔우 샹 더

□ 그는 이미 퇴원했습니다.

他已经出院了。
tā yǐ jīng chū yuàn le
타 이 징 추 위엔 러

□ 하루 빨리 퇴원하기를 바랍니다.

真希望你早日出院。
zhēn xī wàng nǐ zǎo rì chū yuàn
쩐 씨 왕 니 짜오 르 츠 위엔

□ 퇴원 후 집에서 한등안 쉬어야 합니다.

出院后，得在家里休息一段日子。
chū yuàn hòu　děi zài jiā lǐ xiū xī yí duàn rì zi
추 위엔 허우　데이 짜이 쟈 리 씨우 씨 이 뚜안 르 쯔

□ 일주일 내에 퇴원할 수 있습니다.

一周之内就可以出院了。
yī zhōu zhī nèi jiù kě yǐ chū yuàn le
이 저우 즈 네이 지우 커 이 추 위엔 러

□ 며칠 후면 퇴원할 수 있습니다.

过几天就可以出院了。
guò jǐ tiān jiù kě yǐ chū yuàn le
꿔 지 티엔 지우 커 이 추 위엔 러

□ 구체적으로 언제 토원합니까?

具体什么时候可以出院？
jù tǐ shén me shí hòu kě yǐ chū yuàn
쥐 티 셴 머 스 허우 커 이 추 위엔

약국에서의 표현

약국에서

□ 이 근처에 약국은 있습니까?

这附近有药房吗?
zhè fù jìn yǒu yào fáng mǎ
쩌 푸 진 여우 야오 팡 마

□ 가장 가까운 약국은 어디에 있습니까?

最近的药房在哪儿?
zuì jìn dè yào fáng zài nǎ r
쭈이 진 더 야오 팡 짜이 날

□ 이 약은 효과가 있습니다.

这药有效果。
zhè yào yǒu xiào guǒ
쩌 야오 여우 쌰오 궈

□ 이 약은 감기 치료에 아주 효과가 빠릅니다.

这药对治疗感冒疗效显著。
zhè yào duì zhì liáo gǎn mào liáo xiào xiǎn zhù
쩌 야오 뚜이 즈 랴오 깐 마오 랴오 쌰오 씨엔 주

□ 이 약은 나에게 효과가 없습니다.

这药对我来说没有效果。
zhè yào duì wǒ lái shuō méi yǒu xiào guǒ
쩌 야오 뚜이 워 라이 수오 메이 여우 쌰오 궈

□ 이 약은 기침 치료에 특효가 있습니다.

这药对治疗咳嗽有特殊效果。
zhè yào duì zhì liáo ké sòu yǒu tè shū xiào guǒ
쩌 야오 뚜이 즈 랴오 커 셔우 여우 터 수 쌰오 궈

□ 질병 치료에 신기한 효과가 있습니다.

对于治疗疾病有神奇的效果。
duì yú zhì liáo jí bìng yǒu shén qí dè xiào guǒ
뚜이 위 즈 랴오 지 삥 여우 션 치 더 쌰오 궈

□ 약을 처방해 주십시오.

请开药。
qǐng kāi yào
칭 카이 야오

□ 처방대로 약을 조제해주세요.

请按处方给我配药。
qǐng àn chù fāng gěi wǒ pèi yào
칭 안 추 팡 게이 워 페기 야오

□ 검진을 하고 나서 처방을 써드릴게요.

诊察后，给你处方吧。
zhěn chá hòu   gěi nǐ chù fāng ba
쩐 차 허우   게이 니 추 팡 바-

□ 처방전을 써드릴게요.

我给你开个药方吧。
wǒ gěi nǐ kāi gè yào fāng ba
워 게이 니 카이 거 야으 팡 바

□ 처방전을 쓴 데서 약을 지으세요.

你在开处方的地方抓药吧。
nǐ zài kāi chù fāng dè dì fāng zhuā yào ba
니 짜이 카이 추 팡 더 디 팡 주아 야오 바

□ 하루에 몇 번 먹습니까?

一天吃几次？
yī tiān chī jǐ cì
이 티엔 츠 지 츠

□ 한 번에 몇 알 먹습니까?

一次要吃几片？
yī cì yào chī jǐ piàn
이 츠 야오 츠 지 피엔

□ 한방을 처방해 주세요.

请给我开中药。
qǐng gěi wǒ kāi zhōng yào
칭 게이 워 카이 종 야오

사건·사고에 관한 표현

위험에 처했을 때

□ 사람 살려요!

救命啊!
jiù mìng ā
지우 밍 아

□ 위험해요!

危险!
wēi xiǎn
웨이 씨엔

□ 비켜요!

让一让!
ràng yī ràng
랑 이 랑

□ 도둑이야!

小偷儿!
xiǎo tōu r
샤오 터우알

□ 소매치기야!

扒手!
bā shǒu
빠 셔우

분실했을 때

□ 여권을 잃어버렸습니다.

我的护照丢了。
wǒ de hù zhào diū le
워 더 후 자오 띠우 러

□ 제 여권을 찾지 못하겠습니다.

我找不到我的护照了。
wǒ zhǎo bú dào wǒ de hù zhào le
워 자오 부 따오 워 더 후 자오 러

□ 제 여권을 분실했는데, 어떻게 해야 합니까?

我的护照丢了，该怎么办？
wǒ dè hù zhào diū le　gaī zěn mè bàn
워 더 후 자오 띠우 러　까이 쫀 머 빤

□ 기억이 나지 않습니다.

我记不清了。
wǒ jì bù qīng le
워 지 부 칭 러

□ 어디서 잃어버렸는지 므르겠어요.

我不知道是在哪儿丢的。
wǒ bù zhǐ dào shì zài rǎ r diū dè
워 뿌 즈 따오 스 짜이 날 띠우 더

□ 지갑을 어디서 분실했는지 기억이 잘 안 나요.

我的钱包记不清丢哪儿了。
wǒ dè qián baō jì bù qīng diū nǐ r le
워 더 치엔 빠오 지 부 칭 띠우 날 러

□ 집에 놓고 왔습니다.

忘在家里了。
wàng zài jiā lǐ le
왕 짜이 지아 리 러

□ 여권을 호텔에 두고 안 가져온 것 아닙니까?

你是不是把护照忘在旅馆里了？
nǐ shì bú shì bǎ hù zhào wàng zà lǚ guǎn lǐ le
니 스 부 스 바 후 자오 왕 짜이 뤼 꾸안 리 러

□ 여권을 잊고 가져오지 않았어요.

我忘了拿护照了。
wǒ wàng le ná hù zhào le
워 왕 러 나 후 자오 러

□ 지갑을 집에 놓고 가지고 오지 않았어요.

我把钱包忘在家里没拿来。
wǒ bǎ qián baō wàng zài jiǎ lǐ méi ná lái
워 바 치엔 빠오 왕 짜이 쟈 리 메이 나 라이

□ 어디서 분실하셨는지 기억나세요?

您记起来是在哪儿丢的吗?
nín jì qǐ lái shì zài nǎ r diū dè ma
닌 지 치 라이 스 짜이 날 띠우 더 마

□ 돈지갑을 차에서 도난 당했습니다.

我的钱包在车上被偷了。
wǒ dè qián baō zài chē shàng bèi tōu le
워 더 치엔 빠오 짜이 처 샹 뻬이 터우 러

□ 경찰에 신고해주세요.

请帮我报警。
qǐng bāng wǒ bào jǐng
칭 빵 워 빠오 징

□ 구급차를 불러주세요.

请叫一辆救护车。
qǐng jiào yī liàng jiù hù chē
칭 쟈오 이 량 지우 후 처

□ 견인차를 불러야겠습니다.

要叫牵引车。
yào jiào qiān yǐn chē
야오 쟈오 치엔 인 처

□ 경찰에 신고해야 합니다.

需要报警。
xū yào bào jǐng
쉬 야오 빠오 징

□ 움직일 수 없습니다. 도와주세요.

我动不了了, 请帮帮我。
wǒ dòng bù liǎo le   qǐng bāng bāng wǒ
워 뚱 부 랴오 러   칭 빵 방 워

□ 차가 부딪쳤습니다.

我们撞车了。
wǒ mèn zhuàng chē le
워 먼 쭈앙 처 러

208

□ 교통사고를 당했습니다.

我遇到交通事故了。
wǒ yù dào jiāo tōng shì gù le
워 위 따오 쟈오 퉁 스 꾸 러

□ 차 세 대가 충돌했습니다.

有三辆车相撞。
yǒu sān liǎng chē xiāng zhuàng
여우 싼 리앙 처 씨앙 쯔앙

□ 차가 다 망가졌습니다.

车都坏了。
chē dōu huài le
처 떠우 화이 러

□ 괜찮습니다. 좀 스쳤을 뿐입니다.

没关系，只是擦伤了。
méi guān xì　　zhǐ shì cā shāng le
메이 꾸안 씨　즈 스 차 샹 러

□ 다쳤습니다.

我受伤了。
wǒ shòu shāng le
워 셔우 샹 러

□ 다행히 다치지는 않았습니다.

幸好，我没受伤。
xìng hǎo　　wǒ méi shòu shāng
씽 하오　　워 메이 셔우 샹

□ 그는 크게 다쳐서 피를 많이 흘렸습니다.

他伤得很厉害，流了很多血。
tā shāng dé hěn lì hài　　liú le hěn duō xiě
타 샹 더 헌 리 하이　　리우 러 헌 뚸 씨에

□ 많은 사람들이 다쳤습니다.

很多人受伤了。
hěn duō rén shòu shāng le
헌 뚸 런 셔우 샹 러

□ 부상이 심하지 않습니다.

伤得不太重。
shāng dé bú tài zhòng
샹 더 부 타이 쭝

□ 손이 움직이지 않습니다.

手动不了。
shǒu dòng bù liǎo
셔우 똥 뿌 랴오

□ 제 책임이 아닙니다.

不是我的责任。
bú shì wǒ dè zé rèn
부 스 워 더 쩌 런

□ 이번 사고는 제 책임이 아닙니다.

这次事故不是我的责任。
zhè cì shì gù bù shì wǒ dè zé rèn
쩌 츠 쓰 꾸 부 스 워 더 저 런

□ 맞은편 차가 와서 부딪쳤습니다.

对面的车撞过来的。
duì miàn dè chē zhuàng guò lái dè
뚜이 미엔 더 처 주앙 꿔 라이 더

□ 맞은편 차가 중앙선을 넘었습니다.

对面的车闯中间线了。
duì miàn dè chē chuǎng zhōng jiān xiàn le
뚜이 미엔 더 처 추앙 종 지엔 씨엔 러

□ 뒤차가 과속을 했습니다.

后面的车太快了。
hòu miàn de chē tài kuài le
허우 미엔 더 처 타이 콰이 러

□ 그의 차가 갑자기 튀어나왔습니다.

他的车突然闯出来了。
tā dè chē tū rán chuǎng chū lái le
타 더 처 투 란 추앙 추 라이 러

교통에 관한 표현

길안내의 표현

길을 물을 때

□ 이곳은 어디입니까?

请问这是什么地方?
qǐng wèn zhè shì shén me dì fāng
칭 원 쩌 스 션 머 디 팡

□ 이 거리의 이름을 알려주시겠습니까?

能告诉我这条街的名字吗?
néng gào sù wǒ zhè tiáo jiē de míng zì ma
넝 까오 쑤 워 쩌 탸오 지에 더 밍 쯔 마

□ 지도로 가리켜주실 수 없나요?

能在地图上指一下吗?
néng zài dì tú shàng zhǐ yí xià ma
넝 짜이 디 투 상 즈 이 쌰 마

**목적지를
물을 때**

□ 화장실이 어디에 있습니까?

洗手间在哪儿?
xǐ shǒu jiān zài nǎ r
씨 셔우 지엔 짜이 날

□ 버스터미널은 어느 쪽에 있습니까?

客运站在哪个方向?
kè yùn zhàn zài nǎ gè fāng xiàng
커 윈 짠 짜이 나 거 팡 씨앙

□ 걸어가면 어느 정도 걸립니까?

走着去得多长时间?
zǒu zhuó qù dé duō cháng shí jiān
쩌우 줘 취 더 뚸 창 스 지엔

□ 근처에 상점이 있습니까?

附近有商店吗?
fù jìn yǒu shāng diàn ma
푸 진 여우 샹 디엔 마

□ 길 건너에 하나 있습니다.

马路对面有一个。
mǎ lù duì miàn yǒu yī gè
마 루 뚜이 미엔 여우 이 거

□ 여기서 멉니까?

离这儿远吗?
lí zhè r yuǎn ma
리 절 위엔 마

□ 멀지 않습니다.

不太远。
bú tài yuǎn
부 타이 위엔

□ 저는 길을 잃어버렸어요.

我迷路了。
wǒ mí lù le
워 미 루 러

□ 이쪽은 반대방향입니다.

这是相反的方向。
zhè shì xiāng fǎn dè fāng xiàng
쩌 스 씨앙 판 더 팡 씨앙

□ 길을 잘못 왔습니다.

你走错道儿了。
nǐ zǒu cuò dào r le
니 저우 춰 따알 러

□ 길은 안내해 드리겠습니다.

我给你带路吧。
wǒ gěi nǐ dài lù bā
워 게이 니 따이 루 빠

□ 저를 따라 오세요.

请跟我来。
qǐng gēn wǒ lái
칭 껀 워 라이

□ 저는 지금 어디에 있습니까?

我现在在哪儿?
wǒ xiàn zài zài nǎ r
워 씨안 짜이 짜이 날

□ 근처에 파출소가 있습니까?

附近有派出所吗?
fù jìn yǒu pài chū suǒ ma
푸 진 여우 파이 추 쉬 마

□ 곧장 가세요.

往前走。
wǎng qián zǒu
왕 치엔 쩌우

□ 저 모퉁이에서 우회전하세요.

你在那个拐角，往右拐吧。
nǐ zài nà gè guǎi jiǎo   wǎng yòu guǎi bā
니 짜이 나 거 꽈이 쟈오   왕 여우 꽈이 바

□ 조금 지나쳐 왔으니, 되돌아가세요.

你走过了一点儿，往回走吧。
nǐ zǒu guò le yī diǎn r   wǎng huí zǒu bā
니 쩌우 꿔 러 이 디알   왕 후이 쩌우 바

□ 저 병원 맞은편입니다.

那个医院的对面就是了。
nà gè yī yuàn dè duì miàn jiù shì le
나 거 이 위엔 더 뚜이 미엔 지우 스 러

□ 저 길을 지나가면 곧 도착합니다.

穿过那条马路就到了。
chuān guò nà tiáo mǎ lù jiù dào le
추안 꿔 나 탸오 마 루 지우 따오 러

□ 5분만 걸어가면 됩니다.

走五分钟就可以到了。
zǒu wǔ fēn zhōng jiù kě yǐ dào le
쩌우 우 펀 종 지우 커 이 따오 러

□ 저기 파출소에 가서 물어보세요.

你到那个派出所去问问吧。
nǐ dào nà gè pài chū suǒ qù wèn wèn bā
니 따오 나 거 파이 추 쉬 취 원 원 바

□ 저 횡단보도를 건너세요.

穿过那条人行横道向前走。
chuān guò nà tiáo rén xíng héng dào xiàng qián zǒu
추안 꿔 나 탸오 런 씽 헝 따오 씨앙 치엔 쩌우

□ 제대로 듣지 못했습니다.

我没听清楚。
wǒ méi tīng qīng chǔ
워 메이 팅 칭 추

□ 다시 한번 말씀해주실 수 없습니까?

重说一遍可以吗?
chóng shuō yī biàn kě yǐ ma
충 쉬 이 비엔 커 이 마

□ 약도를 그려드리지요.

我给你画个草图吧。
wǒ gěi nǐ huà gè cǎo tú ba
워 게이 니 후아 거 차오 투 빠

□ 미안합니다. 저도 잘 모릅니다.

对不起，我也不清楚。
duì bù qǐ   wǒ yě bú qīng chǔ
뚜이 부 치   워 예 부 칭 추

□ 이 근방은 잘 모릅니다.

这一带我也不太熟悉。
zhè yī dài wǒ yě bú tài shú xī
쩌 이 따이 워 예 부 타이 수 씨

□ 파출소에서 물어볼게요.

我去派出所问问。
wǒ qù pài chū suǒ wèn wèn
워 취 파이 추 쉬 원 원

열차 이용의 표현

열차표를 구입할 때

□ 매표소는 어디에 있습니까?

售票口在哪儿？
shòu piào kǒu zài nǎ r
셔우 퍄오 커우 짜이 날

□ 오늘의 열차는 좌석이 있나요?

今天的列车有座号吗？
jīn tiān de liè chē yǒu zuò hào ma
찐 티엔 더 리에 처 여우 쭤 하오 마

□ 오늘의 열차는 입석표만 남았습니다.

今天的列车只剩了站票。
jīn tiān de liè chē zhǐ shèng le zhàn piào
찐 티엔 더 리에 처 즈 셩 러 짠 퍄오

□ 요금은 얼마입니까?

票价是多少钱？
piào jià shì duō shǎo qián
퍄오 쟈 스 뚸 샤오 치엔

□ 표 두 장 주세요.

我要两张票。
wǒ yào liǎng zhāng piào
워 야오 리앙 장 퍄오

□ 입석표로 주세요.

我要买站票。
wǒ yào mǎi zhàn piào
워 야오 메이 짠 퍄오

□ 특급열차는 있습니까?

有特快吗？
yǒu tè kuài ma
여우 터 콰이 마

□ 북경으로 가는 특급열차는 있습니까?

去北京的车有特快吗?
qù běi jīng dè chē yǒu tè kuài mà
취 베이 징 더 처 여우 터 콰이 마

□ 오늘 열차는 급행밖에 없습니다.

今天的车只有快车。
jīn tiān dè chē zhǐ yǒu kuài chē
찐 티엔 더 처 즈 여우 콰이 처

□ 침대차표는 있습니까?

有卧铺票吗?
yǒu wò pū piào ma
여우 워 푸 퍄오 마

□ 열차에 식당차가 있습니까?

车上有餐车吗?
chē shàng yǒu cān chē ma
처 샹 여우 찬 처 마

□ 일반침대차표로 다섯 장 주세요.

我要五张硬卧票。
wǒ yào wǔ zhāng yìng wò piào
워 야오 우 장 잉 워 퍄오

□ 내일 표로 바꾸고 싶습니다.

我要换成明天的票。
wǒ yào huàn chéng míng tiān cè piào
워 야오 후안 청 밍 티엔 더 퍄오

□ 일반 침대차로 바꿀 수 있습니까?

能不能换成硬卧票?
néng bù néng huàn chéng yìng wò piào
넝 부 넝 후안 청 잉 워 프오

□ 표를 환불하고 싶습니다.

我要退票。
wǒ yào tuì piào
워 야오 투이 퍄오

□ 목적지를 바꾸고 싶습니다.

我要改目的地。
wǒ yào gǎi mù dè dì
워 야오 까이 무 더 띠

□ 이 차는 남경을 지납니까?

这车经过南京吗?
zhè chē jīng guò nán jīng ma
쩌 처 징 꿔 난 징 마

□ 상해로 가는 걸로 바꾸고 싶습니다.

我要改成去上海的。
wǒ yào gǎi chéng qù shàng hǎi dè
워 야오 까이 청 취 샹 하이 더

□ 몇 번 출구에서 개찰합니까?

在几号出口检票?
zài jǐ hào chū kǒu jiǎn piào
짜이 지 하오 추 커우 지엔 퍄오

□ 7번 출구는 어디에 있습니까?

七号出口在哪里?
qī hào chū kǒu zài nǎ lǐ
치 하오 추 커우 짜이 나 리

□ 북경행 기차는 어디서 개표합니까?

去北京的车在几号出口检票?
qù běi jīng dè chē zài jǐ hào chū kǒu jiǎn piào
취 베이 징 더 처 짜이 지 하오 추 커우 지엔 퍄오

□ 몇 번 플랫폼에서 승차합니까?

在几号站台乘车?
zài jǐ hào zhàn tái chéng chē
짜이 지 하오 짠 타이 청 처

□ 이건 항주 행입니까?

这是开往杭州的吗?
zhè shì kāi wǎng háng zhōu dè mǎ
쩌 스 카이 왕 항 저우 더 마

□ 이 열차는 예정대로 출발합니까?

这车正点出发吗?
zhè chē zhèng diǎn chū fā má
쩌 처 쩡 디엔 추 파 마

□ 기차는 몇 시에 출발합니까?

火车几点出发?
huǒ chē jǐ diǎn chū fā
훠 처 지 디엔 추 파

□ 기차는 몇 시에 도착합니까?

火车几点到站。
huǒ chē jǐ diǎn dào zhàn
훠 처 지 디엔 따오 짠

□ 다음 역은 어디입니까?

下一站是哪儿?
xià yí zhàn shì nǎ r
쌰 이 짠 스 날

□ 몇 시에 상해역에 도착합니까?

几点到上海站?
jǐ diǎn dào shàng hǎi zhàn
지 디엔 따오 샹 하이 짠

□ 남경에 도착하면 알려주실 수 있습니까?

到南京站告诉我, 好吗?
dào nán jīng zhàn gào sù wǒ hǎo ma
따오 난 징 짠 까오 쑤 줘 하오 마

□ 상해로 가려면 몇 개 역을 지나야 합니까?

到上海还要经过几个站?
dào shàng hǎi hái yào jīng guò jǐ gè zhàn
따오 샹 하이 하이 야오 징 꿔 지 거 짠

□ 미안합니다. 역을 지나쳐버렸습니다.

对不起, 我过站了。
duì bù qǐ wǒ guò zhàn le
뚜이 부 치 워 꿔 짠 러

버스 이용의 표현

장거리버스 터미널에서

□ 고속버스는 언제 출발합니까?

高速汽车什么时候出发?
gāo sù qì chē shén me shí hòu chū fā
까오 쑤 치 처 션 머 스 허우 추 파

□ 버스터미널은 어디에 있습니까?

汽车站在哪里?
qì chē zhàn zài nǎ lǐ
치 처 쨘 짜이 나 리

□ 고속버스는 몇 시간 간격으로 있나요?

高速汽车多长时间一辆?
gāo sù qì chē duō cháng shí jiān yī liàng
까오 수 치 처 뚸 창 스 지엔 이 량

□ 시외버스는 몇 시에 출발합니까?

长途汽车几点出发?
cháng tú qì chē jǐ diǎn chū fā
창 투 치 처 지 디엔 추 파

□ 다음 버스는 언제 출발합니까?

下一辆什么时候出发?
xià yī liàng shén me shí hòu chū fā
쌰 이 량 션 머 스 허우 추 파

□ 천진으로 가는 버스는 몇 시에 출발합니까?

去天津的汽车几点出发?
qù tiān jīn de qì chē jǐ diǎn chū fā
취 티엔 진 더 치 처 지 디엔 추 파

□ 천진행 시외버스는 언제 출발합니까?

去天津的长途汽车什么时候出发?
qù tiān jīn de cháng tú qì chē shén me shí hòu chū fā
취 티엔 진 더 창 투 치 처 션 머 스 허우 추 파

□ 방금 출발했습니다.

刚刚出发了。
gāng gāng chū fā le
깡 깡 추 파 러

□ 다음 버스는 언제 출발합니까?

下一辆什么时候出发?
xià yī liàng shén me shí hòu chū fā
쌰 이 량 션 머 스 허우 추 파

□ 1시간 후에 출발합니다.

一个小时以后出发。
yī gè xiǎo shí yǐ hòu chū fā
이 거 쌰오 스 이 허우 추 파

□ 운임은 얼마입니까?

票价是多少钱?
piào jià shì duō shǎo qián
퍄오 지아 스 뚸 샤오 쳐엔

□ 천진까지 얼마입니까?

到天津多少钱?
dào tiān jīn duō shǎo qián
따오 티엔 진 뚸 샤오 쳐엔

□ 한 장에 얼마인가요?

一张多少钱?
yī zhāng duō shǎo qián
이 장 뚸 샤오 치엔

□ 두 장 주세요.

我要两张。
wǒ yào liǎng zhāng
워 야오 량 장

□ 자리가 있습니까?

有没有座号?
yǒu méi yǒu zuò hào
여우 메이 여우 쮜 하오

□ 이번 버스는 표가 없습니다.

这一趟没票了。
zhè　yí　tàng méi piào　le
쩌·이 탕 메이 퍄오 러

□ 다음 버스는 몇 시에 있습니까?

下一趟车是几点?
xià　yí　tàng chē　shì　jǐ　diǎn
샤 이 탕 처 스 지 디엔

□ 차창을 열어도 되겠습니까?

可以打开窗户吗?
kě　yǐ　dǎ　kāi chuāng hù　ma
커 이 따 카이 추앙 후 마

□ 에어컨을 끄고 싶은데요.

我想关掉空调。
wǒ　xiǎng guān diào kōng diào
워 씨앙 꾸안 땨오 쿵 땨오

□ 차 안이 너무 춥습니다.

车厢内太冷了。
chē xiāng nèi　tài lěng　le
처 씨앙 네이 타이 렁 러

□ 차에서 담배를 피워도 됩니까?

车上可以吸烟吗?
chē shàng kě　yǐ　xī　yān　ma
처 샹 커 이 씨 옌 마

□ 차안에서는 금연입니다.

车上禁止吸烟。
chē shàng jìn　zhǐ　xī　yān
처 샹 진 즈 씨 옌

□ 이 좌석은 비어 있나요?

这个座位有人吗?
zhè　gè　zuò　wèi yǒu rén　ma
쩌 거 쭤 웨이 여우 런 마

□ 이 좌석에 앉을 수 있습니까?

能坐这个座位吗?
néng zuò zhè gè zuò wèi ma
넝 쭤 쩌 거 쭤 웨이 마

□ 미안하지만, 여기는 제 좌석입니다.

对不起，这是我的座位。
duì bù qǐ zhè shì wǒ dè zuò wèi
뚜이 부 치 쩌 스 우 더 쭤 웨이

□ 이 좌석에는 사람이 없습니까?

这个座位没有人吗?
zhè gè zuò wèi méi yǒu rén ma
쩌 거 쭤 웨이 메이 여우 런 마

□ 이 좌석에는 사람이 있습니다. 곧 올 겁니다.

这个座位有人，马上回来。
zhè gè zuò wèi yǒu rén mǎ shàng huí lái
쩌 거 쭤 웨이 여우 런 마 샹 후이 라이

□ 여기는 사람이 없습니다. 앉으세요.

这里没人，请坐。
zhè lǐ méi rén qǐng zuò
쩌 리 메이 런 칭 쭤

□ 그곳에 도착하면 알려주세요.

到站，请告诉我。
dào zhàn qǐng gào sù wǒ
따오 짠 칭 까오 쑤 워

시내버스를
이용할 때

□ 고궁으로 가는 시내버스가 있습니까?

有去故宫的公共汽车吗?
yǒu qù gù gōng dè gōng gong qì chē ma
여우 취 꾸 꿍 더 꿍 궁 치 처 마

□ 138번 버스정류소는 어디 있습니까?

138路车站在哪儿?
lù chē zhàn zài nǎ r
이바이 싼스빠 루 처 짠 짜이 날

□ 어디에서 천안문으로 가는 시내버스를 탑니까?

在哪儿坐去天安门的公共汽车?
zài nǎ r zuò qù tiān' ān mén dè gōng gòng qì chē
짜이 날 쭤 취 티엔 안 먼 더 꿍 궁 치 처

□ 이곳은 몇 번 버스정류소입니까?

这里是几路车站?
zhè lǐ shì jǐ lù chē zhàn
쩌 리 스 지 루 처 짠

□ 18번 버스를 여기서 타는가요?

18路车在这儿坐吗?
lù chē zài zhè r zuò ma
스빠 루 처 짜이 절 쭤 마

□ 몇 번 버스를 타야 합니까?

坐几路车?
zuò jǐ lù chē
쭤 지 루 처

□ 천단까지 아직 몇 정거장 남았습니까?

天坛还剩几站?
tiān tán hái shèng jǐ zhàn
티엔 탄 하이 셩 지 짠

□ 이 버스는 의화원으로 갑니까?

这车去不去颐和园?
zhè chē qù bú qù yí hé yuán
쩌 처 취 부 취 이 허 위엔

□ 천안문으로 가려면 어디서 차를 갈아타야 합니까?

去天安门在哪儿换车?
qù tiān' ān mén zài nǎ r huàn chē
취 티엔 안 먼 짜이 날 후안 처

□ 북경동물원에 도착하면 알려주십시오.

到北京动物园告诉我一声。
dào běi jīng dòng wù yuán gào sù wǒ yī shēng
따오 베이 징 뚱 우 위엔 까오 쑤 워 이 셩

지하철 이용의 표현

지하철역을 찾을 때

□ 이 부근에 지하철역이 있습니까?

这附近有地铁站吗?
zhè fù jìn yǒu dì tiě zhàn ma
쩌 푸 진 여우 띠 티에 짠 마

□ 곧장 200미터 가면 지하철역이 있습니다.

往前走两百米左右就有地铁站。
wǎng qián zǒu liǎng bǎi mǐ zuǒ yòu jiù yǒu dì tiě zhàn
왕 치엔 쩌우 량 바이 미 쮜 여우 지우 여우 띠 티에 짠

□ 어디서 지하철 노선도를 얻을 수 있습니까?

在哪儿能拿到地铁路线图?
zài nǎ r néng ná dào dì tiě lù xiàn tú
짜이 날 넝 나 따오 띠 티에 루 씨엔 투

□ 이 노선은 천안문으로 갑니까?

这条线去天安门吗?
zhè tiáo xiàn qù tiān'ān mén ma
쩌 탸오 씨엔 취 티엔 안 먼 마

□ 광화문으로 가려면 몇 호선을 타야 합니까?

去光华门坐几路?
qù guāng huá mén zuò jǐ lù
취 꾸앙 화 먼 쮜 지 루

지하철표를 구입할 때

□ 어디서 표를 삽니까?

在哪儿买票?
zài nǎ r mǎi piào
짜이 날 마이 퍄오

□ 매표소는 어디에 있습니까?

售票口在哪里?
shòu piào kǒu zài nǎ lǐ
셔우 퍄오 커우 짜이 나 리

□ 요금은 얼마입니까?

票价是多少？
piào jià shì duō shǎo
퍄오 지아 스 뚸 샤오

□ 요금이 모두 동일합니까?

票价都一样吗？
piào jià dōu yī yàng ma
퍄오 쟈 떠우 이 양 마

□ 요금이 구간에 따라 다릅니까?

票价按区域不一样吗？
piào jià àn qū yù bù yī yàng ma
퍄오 쟈 안 취 위 뿌 이 양 마

□ 자동매표기가 있습니까?

有自动售票机吗？
yǒu zì dòng shòu piào jī ma
여우 즈 똥 셔우 퍄오 지 마

□ 역에 도착했습니까?

到站了吗？
dào zhàn le ma
따오 짠 러 마

□ 목적지까지 역이 몇 개 남았습니까?

离目的地还有几站？
lí mù dè dì hái yǒu jǐ zhàn
리 무 더 띠 하이 여우 지 짠

□ 비켜주시겠습니까? 내리겠습니다.

请让一下，我要下车。
qǐng ràng yī xià　 wǒ yào xià chē
칭 랑 이 쌰　 워 야오 쌰 처

□ 다음 역은 어디입니까?

下一站是哪儿？
xià yī zhàn shì nǎ r
쌰 이 짠 스 날

택시 이용의 표현

택시요금에 대해서

□ 거기까지 요금이 얼마나 나올까요?

去那儿大概多少钱？
qù nà r dà gài duō shǎo qián
취 날 따 까이 뚸 샤오 치엔

□ 천안문광장까지 요금이 얼마나 나옵니까?

到天安门广场大概多少钱？
dào tiān' ān mén guǎng chǎng dà gài duō shǎo qián
따오 티엔 안 먼 꾸앙 창 따 까이 뚸 샤오 치엔

□ 미터기를 사용합니까, 아니면 고정요금입니까?

是打计价器，还是固定收费？
shì dǎ jì jià qì   hái shì gù dìng shōu fèi
스 따 지 쟈 치   하이 스 꾸 딩 셔우 페이

택시를 탔을 때

□ 북해공원까지 부탁합니다.

我要去北海公园。
wǒ yào qù běi hǎi gōng yuán
워 야오 취 베이 하이 꽁 위엔

□ 기차역으로 가주세요.

到火车站。
dào huǒ chē zhàn
따오 훠 처 짠

□ 이 주소로 가주세요.

按照这个地址去吧。
àn zhào zhè gè dì zhǐ qù ba
안 자오 쩌 거 띠 즈 취 바

□ 저 앞에서 세워주세요.

到前面停车。
dào qián miàn tíng chē
따오 치엔 미엔 팅 처

□ 시간이 급합니다. 서둘러주세요.

我赶时间，开快点吧。
wǒ gǎn shí jiān　kāi kuài diǎn ba
워 깐 스 지엔　카이 콰이 디엔 바

□ 짐 좀 실어주세요.

请帮我把行李放上去吧。
qǐng bāng wǒ bǎ xíng lǐ fàng shàng qù ba
칭 빵 워 바 씽 리 팡 샹 취 바

□ 짐을 트렁크에 넣을 수 있습니까?

放到行李箱里可以吗？
fàng dào xíng lǐ xiāng lǐ kě yǐ ma
팡 따오 씽 리 씨앙 리 커 이 마

□ 트렁크를 열어주세요.

请打开行李箱。
qǐng dǎ kāi xíng lǐ xiāng
칭 따 카이 씽 리 씨앙

□ 짐이 너무 큽니다. 실을 수 없습니다.

行李太大了，装不了。
xíng lǐ tài dà le　zhuāng bù liǎo
씽 리 타이 따 러　주앙 뿌 랴오

□ 짐은 뒷좌석에 놓으세요.

行李放在后坐上吧。
xíng lǐ fàng zài hòu zuò shàng ba
씽 리 팡 짜이 허우 쭤 샹 바

□ 다 왔습니다, 손님.

到了，先生。
dào le　xiān shēng
따오 러　씨엔 셩

□ 여기서 세워 주세요.

到了，请停车。
dào le　qǐng tíng chē
따오 러　칭 팅 처

228

□ 앞 빌딩에서 세워주세요.

到前面大楼停车。
dào qián miàn dà lóu tíng chē
따오 치엔 미엔 따 러우 팅 처

□ 앞에서 우회전해주세요.

在前面往右拐。
zài qián miàn wǎng yòu guǎi
짜이 치엔 미엔 왕 여우 과이

□ 짐 좀 내려줄 수 없나요?

能帮我把行李拿下来吗?
néng bāng wǒ bǎ xíng lǐ ná xià lái ma
넝 빵 워 바 씽 리 나 쌰 라이 마

계산을 할 때

□ 요금은 얼마입니까?

车费是多少?
chē fèi shì duō shǎo
처 페이 스 뚸 샤오

□ 요금이 미터기와 다릅니다.

价格与记价器不一样。
jià gé yǔ jì jià qì bù yī yàng
쟈 거 위 지 쟈 치 뿌 이 양

□ 잔돈이 없습니다.

我没有零钱。
wǒ méi yǒu líng qián
워 메이 여우 링 치엔

□ 영수증 떼 주세요.

请开一张发票。
qǐng kāi yī zhāng fā piào
칭 카이 이 장 파 퍄오

□ 감사합니다. 잔돈은 가지세요.

谢谢，不用找零钱了。
xiè xie   bú yòng zhǎo líng qián le
씨에 시에   부 융 쟈오 링 치엔 러

선박·비행기 이용의 표현

여객 터미널에서

□ 여객선은 몇 시에 출발합니까?

客轮几点出发？
kè lún jǐ diǎn chū fā
커 룬 지 디엔 추 파

□ 출발까지 몇 시간 남았습니까?

离出发还有多长时间？
lí chū fā hái yǒu duō cháng shí jiān
리 추 파 하이 여우 뚸 창 스 지엔

□ 하루에 여객선은 몇 번 다닙니까?

一天有几趟客轮？
yī tiān yǒu jǐ tàng kè lún
이 티엔 여우 지 탕 커 룬

□ 몇 시간 항해하는가요?

要航行几个小时？
yào háng xíng jǐ gè xiǎo shí
야오 항 씽 지 거 샤오 스

□ 몇 시에 목적지에 도착합니까?

几点到目的地？
jǐ diǎn dào mù dè dì
지 디엔 따오 무 더 디

□ 몇 번 부두에서 배에 오릅니까?

在几号码头上船？
zài jǐ hào mǎ tóu shàng chuán
짜이 지 하오 마 터우 샹 추안

선표를 구입할 때

□ 배에는 어떤 객실이 있습니까?

船上都有什么样的客舱？
chuán shàng dōu yǒu shén mè yàng dè kè cāng
추안 샹 떠우 여우 션 머 양 더 커 창

□ 배에는 특등실이 있습니까?

船上有没有豪华舱?
chuán shàng yǒu méi yǒu háo huá cāng
추안 샹 여우 메이 여우 하오 후아 창

□ 배에 식당이 있습니까?

船上有餐厅吗?
chuán shàng yǒu cān tīng ma
추앙 샹 여우 찬 팅 마

□ 2등선실 표를 주세요.

我要二等舱的票。
wǒ yào èr děng cāng de piào
워 야오 얼 떵 창 더 퍄오

□ 이 선실은 어떻게 갑니까?

请问这个客舱怎么走?
qǐng wèn zhè gè kè cāng zěn me zǒu
칭 원 쩌 거 커 창 쩐 머 쩌우

□ 2등선실은 어떻게 갑니까?

请问，二等舱怎么走?
qǐng wèn   èr děng cāng zěn me zǒu
칭 원   얼 떵 창 쩐 머 쩌으

□ 이 선실은 어디에 있습니까?

这个船舱在哪儿?
zhè gè chuán cāng zài nǎ r
쩌 거 추안 창 짜이 날

□ 구명조끼는 어디에 있습니까?

救生服在哪里?
jiù shēng fú zài nǎ lǐ
지우 셩 푸 짜이 나 리

□ 제 방 열쇠가 보이지 않습니다.

我的房门钥匙不见了。
wǒ de fáng mén yào chí bú jiàn le
워 더 팡 먼 야오 츠 투 지엔 러

231

□ 뱃멀미를 합니다. 약이 있습니까?

我有点晕船，有没有药？
wǒ yǒu diǎn yūn chuán　yǒu méi yǒu yào
워 여우 디엔 윈 추안　여우 메이 여우 야오

□ 토할 것 같습니다.

我快要吐了
wǒ kuài yào tǔ le
워 콰이 야오 투 러

□ 배에 의사 선생님이 계십니까?

船上有医生吗？
chuán shàng yǒu yī shēng ma
추안 샹 여우 이 셩 마

□ 갑판에 가서 경치를 구경해요.

到甲板上看风景吧。
dào jiǎ bǎn shàng kàn fēng jǐng ba
따오 쟈 빤 상 칸 펑 징 바

□ 배에서 바다를 보니 또 다른 멋이 있네요.

在船上看大海别有风味。
zài chuán shàng kàn dà hǎi bié yǒu fēng wèi
짜이 추안 샹 칸 따 하이 비에 여우 펑 웨이

□ 바다가 아주 아름답습니다.

大海很漂亮。
dà hǎi hěn piāo liàng
따 하이 헌 퍄오 리앙

□ 바다에는 파도가 아주 큽니다.

海上浪很大。
hǎi shàng làng hěn dà
하이 샹 랑 헌 따

□ 갑판에 바람이 세게 불고 있어. 옷을 더 입고 가거라.

甲板上风大，你多穿点衣服吧。
jiǎ bǎn shàng fēng dà　nǐ duō chuān diǎn yī fú ba
쟈 빤 샹 펑 따　니 뛰 추안 디엔 이 푸 빠

PART 9

숙박 · 식사에 관한 표현

호텔 예약의 표현

호텔방을 예약할 때

□ 방을 예약하고 싶습니다.

我要预定房间。
wǒ yào yù dìng fáng jiān
워 야오 위 띵 팡 지엔

□ 빈방이 있습니까?

有空房吗？
yǒu kōng fáng ma
여우 콩 팡 마

□ 방 두 개를 예약하고 싶습니다.

我要预约两间客房。
wǒ yào yù yuē liǎng jiān kè fáng
워 야오 위 위에 량 지엔 커 팡

□ 예약을 취소하고 싶습니다.

我要取消预约。
wǒ yào qǔ xiāo yù yuē
워 야오 취 샤오 위 위에

□ 며칠 묵으실 겁니까?

您要住几天？
nín yào zhù jǐ tiān
닌 야오 주 지 티엔

□ 혼자이십니까?

就您自己吗？
jiù nín zì jǐ mǎ
지우 닌 쯔 지 마

방을 고를 때

□ 어떤 방을 원하십니까?

您要什么样的客房？
nín yào shén me yàng de kè fáng
닌 야오 셴 머 양 더 커 팡

□ 어떤 방이 있습니까?

有什么样的客房？
yǒu shén me yàng de kè fáng
여우 션 머 양 더 커 팡

□ 더블룸을 원합니다.

我要双人房。
wǒ yào shuāng rén fáng
워 야오 수앙 런 팡

□ 싱글 룸 하나 주세요.

我要一个单间。
wǒ yào yī gè dān jiān
워 야오 이 거 딴 지엔

□ 보통 방을 원합니다.

我要标准间。
wǒ yào biāo zhǔn jiān
워 야오 빠오 준 지엔

□ 하루에 얼마입니까?

房费一天多少钱？
fáng fèi yì tiān duō shǎo qián
팡 페이 이 티엔 뚸 샤오 치엔

□ 숙박비는 인원수에 따라 계산합니까?

住宿费按人算？
zhù sù fèi àn rén suàn
쭈 쑤 페이 안 런 쑤안

□ 방값에 아침식사비가 포함됩니까?

房费包括早餐吗？
fáng fèi bāo kuò zǎo cān ma
팡 페이 빠오 쿼 짜오 찬 마

□ 침대 하나를 더 놓으면 얼마입니까?

加一张床多少钱？
jiā yī zhāng chuáng duō shǎo qián
쟈 이 장 추앙 뚸 샤오 치엔

호텔에서의 표현

체크인할 때

□ 예약하셨습니까?

您预约了吗?
nín yù yuē le ma
닌 위 위에 러 마

□ 이미 예약을 했습니다.

我已经预约好了。
wǒ yǐ jīng yù yuē hǎo le
워 이 징 위 위에 하오 러

□ 이미 인터넷으로 예약했습니다.

我已经在网上预定好了。
wǒ yǐ jīng zài wǎng shàng yù dìng hǎo le
워 이 징 짜이 왕 샹 위 딩 하오 러

□ 예약을 하지 않았는데요.

我没有预约。
wǒ méi yǒu yù yuē
워 메이 여우 위 위에

□ 이 숙박카드를 작성해주십시오.

请填写这张住宿登记卡。
qǐng tián xiě zhè zhāng zhù sù dēng jì kǎ
칭 티엔 씨에 쩌 장 쭈 쑤 떵 지 카

체크인 트러블

□ 누구 이름으로 예약하셨습니까?

您用什么名字预定的?
nín yòng shén me míng zì yù dìng dè
닌 용 션 머 밍 쯔 위 딩 더

□ 예약자 명단에 손님의 이름이 없습니다.

预约者名单里没有你的名字。
yù yuē zhě míng dān lǐ méi yǒu nǐ dè míng zì
위 위에 저 밍 딴 리 메이 여우 니 더 밍 쯔

□ 분명히 예약을 했는데요.

我确实已经预约了。
wǒ què shí yǐ jǐng yù yuē le
워 취에 스 이 징 위 위에 러

□ 수고스럽지만, 다시 찾아보십시오.

麻烦你再查一遍。
má fán nǐ zài chá yī biàn
마 판 니 짜이 차 이 삐엔

방을 고를 때

□ 먼저 방을 볼 수 있습니까?

可以先看一下房间吗?
kě yǐ xiān kàn yí xià fáng jiān ma
커 이 씨엔 칸 이 쌰 팡 지엔 마

□ 저는 조용한 방으로 부탁합니다.

我想要安静一点的房间。
wǒ xiǎng yào ān jìng yī diǎn dè fáng jiān
워 씨앙 야오 안 징 이 디엔 더 팡 지엔

□ 저는 경치가 좋은 방으로 주세요.

我要一间能看到好风景的房间。
wǒ yào yī jiān néng kàn dào hǎo fēng jǐng dè fáng jiān
워 야오 이 지엔 넝 칸 따오 하오 펑 징 더 팡 지엔

□ 다른 방으로 바꾸고 싶습니다.

我要换别的房间。
wǒ yào huàn bié dè fáng jiān
워 야오 후안 비에 더 팡 지엔

입실할 때

□ 짐을 옮겨드릴까요?

需要给您搬运行李吗?
xū yào gěi nín bān yùn xíng lǐ ma
쒸 야오 게이 닌 빤 윈 씽 리 마

□ 짐을 방까지 옮겨주세요.

请把行李搬到房间去。
qǐng bǎ xíng lǐ bān dào fáng jiān qù
칭 바 씽 리 빤 따오 팡 지엔 취

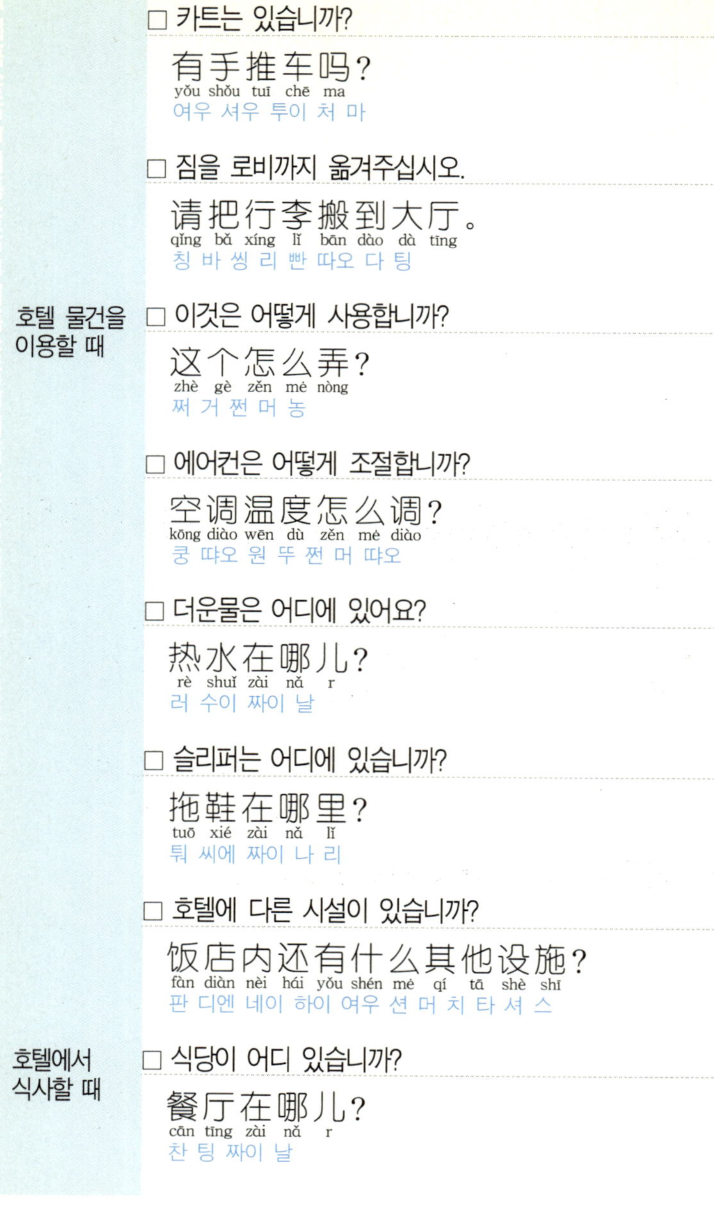

□ 카트는 있습니까?

有手推车吗?
yǒu shǒu tuī chē ma
여우 셔우 투이 처 마

□ 짐을 로비까지 옮겨주십시오.

请把行李搬到大厅。
qǐng bǎ xíng lǐ bān dào dà tīng
칭 바 씽 리 빤 따오 다 팅

□ 이것은 어떻게 사용합니까?

这个怎么弄?
zhè gè zěn mè nòng
쩌 거 쩐 머 농

□ 에어컨은 어떻게 조절합니까?

空调温度怎么调?
kōng diào wēn dù zěn mè diào
쿵 따오 원 뚜 쩐 머 땨오

□ 더운물은 어디에 있어요?

热水在哪儿?
rè shuǐ zài nǎ r
러 수이 짜이 날

□ 슬리퍼는 어디에 있습니까?

拖鞋在哪里?
tuō xié zài nǎ lǐ
퉈 씨에 짜이 나 리

□ 호텔에 다른 시설이 있습니까?

饭店内还有什么其他设施?
fàn diàn nèi hái yǒu shén mè qí tā shè shī
판 디엔 네이 하이 여우 션 머 치 타 셔 스

□ 식당이 어디 있습니까?

餐厅在哪儿?
cān tīng zài nǎ r
찬 팅 짜이 날

238

□ 레스토랑은 몇 시에 끝납니까?

餐厅几点关门?
cān tīng jǐ diǎn guān mén
찬 팅 지 디엔 꾸안 먼

□ 몇 시부터 아침식사가 시작되는가요?

几点开始供应早餐?
jǐ diǎn kāi shǐ gōng yīng zǎo cān
지 디엔 카이 스 꿍 잉 짜오 찬

□ 식당은 몇 시에 문을 닫습니까?

餐厅几点关门?
cān tīng jǐ diǎn guān mén
찬 팅 지 디엔 꽌 먼

□ 커피숍은 어디에 있습니까?

咖啡厅在哪儿?
kā fēi tīng zài nǎ r
카 페이 팅 짜이 날

□ 호텔에 나이트클럽이 있습니까?

饭店内有夜总会吗?
fàn diàn nèi yǒu yè zǒng huì ma
판 디엔 네이 여우 예 쭝 후이 마

□ 호텔 나이트클럽은 몇 시까지 합니까?

饭店内的夜总会开到几点?
fàn diàn nèi dė yè zǒng huì kāi dào jǐ diǎn
판 디엔 네이 더 이에 쭝 후기 카이 다오 지 디엔

□ 호텔의 풀장에서 수영복을 빌려줍니까?

酒店的游泳池租借泳衣吗?
jiǔ diàn dė yóu yǒng chí zū jiè yǒng yī ma
지우 디엔 더 여우 용 츠 쭈 지에 융 기 마

□ 테니스장은 몇 시까지 문을 엽니까?

网球场开到几点?
wǎng qiú chǎng kāi dào jǐ diǎn
왕 치우 창 카이 따오 지 디엔

□ 룸서비스를 부탁합니다.

我需要客房服务。
wǒ xū yào kè fáng fú wù
워 쉬 야오 커 팡 푸 우

□ 여기는 1108호입니다.

这里是1108房间。
zhè lǐ shì　　　fáng jiān
쩌 리 스　이이링빠 팡 지엔

□ 아침식사를 제 방까지 가져다주십시오.

请把早餐送到我的房间。
qǐng bǎ zǎo cān sòng dào wǒ dè fáng jiān
칭 바 짜오 찬 쑹 따오 워 더 팡 지엔

□ 수고스럽지만, 내일 아침 6시에 깨워주십시오.

麻烦你明天早晨六点叫醒我。
má fán nǐ míng tiān zǎo chén liù diǎn jiào xǐng wǒ
마 판 니 밍 티엔 짜오 천 리우 디엔 쟈오 씽 워

□ 제 방을 청소해주십시오.

请打扫一下我的房间。
qǐng dǎ sǎo yī xià wǒ dè fáng jiān
칭 따 싸오 이 쌰 워 더 팡 지엔

□ 드라이클리닝을 부탁합니다.

我想干洗衣服。
wǒ xiǎng gān xǐ yī fú
워 씨앙 깐 씨 이 푸

□ 호텔 안에 세탁소가 있습니까?

酒店内有洗衣店吗？
jiǔ diàn nèi yǒu xǐ yī diàn ma
지우 디엔 네이 여우 씨 이 디엔 마

□ 드라이클리닝을 하려면 며칠이 걸립니까?

干洗衣服需要几天？
gān xǐ yī fú xū yào jǐ tiān
깐 씨 이 푸 쉬 야오 지 티엔

□ 이 옷을 다림질해주십시오.

请把这件衣服熨一下。
qǐng bǎ zhè jiàn yī fú yùn yī xià
칭 바 쩌 지엔 이 푸 윈 이 쌰

□ 언제 옷을 찾을 수 있습니까?

什么时候能取衣服?
shén me shí hòu néng qǔ yī fú
션 머 스 허우 넝 취 이 푸

□ 방 열쇠를 보관해주십시오.

请保管房间钥匙。
qǐng bǎo guǎn fáng jiān yào chí
칭 빠-오 꾸안 팡 지엔 야오 츠

□ 귀중품을 보관할 수 있습니까?

能不能保管贵重物品?
néng bù néng bǎo guǎn guì zhòng wù pǐn
넝 부 넝 빠오 꾼 꾸이 중 우 핀

□ 귀중품을 보관하고 싶은데요.

我要保管贵重物品。
wǒ yào bǎo guǎn guì zhòng wù pǐn
워 야오 빠오 꾼 꾸이 중 우 핀

□ 잠시 나갔다 오겠습니다. 방 열쇠를 보관해주세요.

我出去一下，请帮我保管房间钥匙。
wǒ chū qù yí xià   qǐng bāng wǒ bǎo guǎn fáng jiān yào chí
워 추 취 이 쌰   칭 빵 워 빠오 꾼 팡 지엔 야오 츠

□ 1218호실 방 열쇠를 주십시오.

请给我1218房间的钥匙。
qǐng gěi wǒ   fáng jiān de yào chí
칭 게이 워 이얼이빠 팡 지엔 더 야오 츠

□ 저한테 온 우편물이나 메시지가 없습니까?

有没有我的信件或留言?
yǒu méi yǒu wǒ de xìn jiàn huò liú yán
여우 메이 여우 워 더 씬 지엔 훠 리우 옌

□ 편지를 부치고 싶습니다.

我想寄信。
wǒ xiǎng jì xìn
워 씨앙 지 씬

□ 여기 주소로 편지를 보내주세요.

请按上面的地址发这封信。
qǐng àn shàng miàn dè dì zhǐ fā zhè fēng xìn
칭 안 샹 미엔 더 디 즈 파 쩌 펑 씬

□ 한국에 팩스를 보내고 싶은데요.

我要往韩国发传真。
wǒ yào wǎng hán guó fā chuán zhēn
워 야오 왕 한 궈 파 추안 쩐

□ 이 편지를 한국에 부치고 싶은데요.

我想把这封信寄到韩国。
wǒ xiǎng bǎ zhè fēng xìn jì dào hán guó
워 씨앙 바 쩌 펑 씬 지 따오 한 궈

전화를 걸 때 □ 직통전화를 할 수 있나요?

能打直播电话吗?
néng dǎ zhí bō diàn huà ma
넝 따 즈 뽀 디엔 화 마

□ 외선으로 하려면 몇 번을 눌러야 합니까?

打外线摁几号?
dǎ wài xiàn èn jǐ hào
따 와이 씨엔 언 지 하오

□ 방안의 전화는 외부로 걸 수 있습니까?

房间内的电话能打外线吗?
fáng jiān nèi dè diàn huà néng dǎ wài xiàn ma
팡 지엔 네이 더 디엔 화 넝 따 와이 씨엔 마

□ 시내전화는 어떻게 겁니까?

市内电话怎么打?
shì nèi diàn huà zěn mè dǎ
스 네이 디엔 화 쩐 머 따

□ 외선으로 걸고 싶습니다.

我想打外线。
wǒ xiǎng dǎ wài xiàn
워 씨앙 따 와이 씨엔

□ 국제전화를 하고 싶은데요.

我要打国际长途电话。
wǒ yào dǎ guó jì cháng tú diàn huà
워 야오 따 궈 지 창 투 디엔 화

□ 국제전화는 어떻게 겁니까?

国际电话怎么打?
guó jì diàn huà zěn me dǎ
궈 지 디엔 화 쩐 머 따

□ 한국으로 전화를 걸고 싶은데요.

我要往韩国打电话。
wǒ yào wǎng hán guó dǎ diàn huà
워 야오 왕 한 궈 따 디언 화

□ 컬렉트콜로 하고 싶은데요.

我要打对方付款电话。
wǒ yào dǎ duì fāng fù kuǎn diàn huà
워 야오 따 뚜이 팡 푸 콴 디엔 화

□ 한국으로 전화하고 싶은데 전화비가 얼마입니까?

往韩国打电话费是多少?
wǎng hán guó dǎ diàn huà fèi shì duō shǎo
왕 한 궈 따 디엔 화 페오 스 뚸 샤오

방에 들어갈
수 없을 때

□ 방 열쇠가 고장났습니다.

房间的钥匙坏了。
fáng jiān de yào chí huài le
팡 지엔 더 야오 츠 화이 러

□ 방문을 열 수 없습니다.

房门打不开。
fáng mén dǎ bù kāi
팡 먼 따 부 카이

호텔에서의
트러블

□ 방 열쇠를 잃어버렸습니다.

我把房间的钥匙弄丢了。
wǒ bǎ fáng jiān dè yào chí nòng diū le
워 바 팡 지엔 더 야오 츠 농 띠우 러

□ 열쇠를 방에 두고 나왔습니다.

我把钥匙落在房间里了。
wǒ bǎ yào chí là zài fáng jiān lǐ le
워 바 야오 츠 라 짜이 팡 지엔 리 러

□ 문 좀 열어주시겠어요?

请帮我开一下房门。
qǐng bāng wǒ kāi yī xià fáng mén
칭 빵 워 카이 이 쌰 팡 먼

□ 욕실에 더운물이 나오지 않습니다.

浴室里不出热水。
yù shì lǐ bù chū rè shuǐ
위 스 리 뿌 추 러 수이

□ 방의 전등이 고장났습니다.

房间的灯坏了。
fáng jiān dè dēng huài le
팡 지엔 더 떵 화이 러

□ 화장실 물이 내려가지 않습니다.

卫生间的水冲不下去。
wèi shēng jiān dè shuǐ chōng bú xià qù
웨이 셩 지엔 더 수이 총 부 쌰 취

□ 수건이 없습니다.

没有毛巾。
méi yǒu máo jīn
메이 여우 마오 진

□ 에어컨이 고장났습니다.

空调坏了。
kōng diào huài le
쿵 댜오 화이 러

244

□ 텔레비전 화면이 나오지 않습니다.

电视机没有画面。
diàn shì jī méi yǒu huà miàn
디엔 스 지 메이 여우 화 미엔

□ 지금 곧 사람을 보내 수리해드리겠습니다.

我们马上派人去修理。
wǒ mèn mǎ shàng pài rén qù xiū lǐ
워 먼 마 샹 파이 런 취 씨우 리

□ 체크아웃을 부탁합니다.

我要退房。
wǒ yào tuì fáng
워 야오 투이 팡

□ 지금 체크아웃을 하겠습니다.

我现在就退房。
wǒ xiàn zài jiù tuì fáng
워 씨엔 짜이 지우 투이 팡

□ 체크아웃 시간은 몇 시까지입니까?

退房截止时间是几点?
tuì fáng jié zhǐ shí jiān shì jǐ diǎn
투이 팡 지에 즈 스 지엔 스 지 디엔

□ 하루 앞당겨 체크아웃하고 싶은데요.

我想提前一天退房。
wǒ xiǎng tí qián yī tiān tuì fáng
워 씨앙 티 치엔 이 티엔 투이 팡

□ 하루 더 묵고 싶은데요.

我还想住一天。
wǒ hái xiǎng zhù yī tiān
워 하이 씨앙 쭈 이 티엔

□ 오늘 떠나고 싶은데요.

我今天就走。
wǒ jīn tiān jiù zǒu
워 찐 티엔 지우 저우

□ 오늘 떠나시렵니까?

您今天就退吗?
nín jīn tiān jiù tuì ma
닌 찐 티엔 지우 투이 마

□ 요금명세표를 주십시오.

请给我帐单。
qǐng gěi wǒ zhàng dān
칭 게이 워 장 딴

□ 현금으로 계산하고 싶은데요.

我想用现金结帐。
wǒ xiǎng yòng xiàn jīn jié zhàng
워 씨앙 융 씨엔 진 지에 짱

□ 신용카드로 결제해도 됩니까?

可以用信用卡结帐吗?
kě yǐ yòng xìn yòng kǎ jié zhàng ma
커 이 융 씬 융 카 지에 짱 마

□ 이 항목들을 설명해주실 수 있습니까?

能说明这些收费项目吗?
néng shuō míng zhè xiē shōu fèi xiàng mù ma
넝 쉬 밍 쩌 씨에 셔우 페이 씨앙 무 마

□ 이것은 무슨 비용입니까?

这是什么费用?
zhè shì shén me fèi yòng
쩌 스 션 머 페이 융

□ 모두 얼마입니까?

一共多少钱?
yī gòng duō shǎo qián
이 꽁 뚸 샤오 치엔

□ 카드로 결제할 수 있습니까?

可以用信用卡结帐吗?
kě yǐ yòng xìn yòng kǎ jié zhàng ma
커 이 융 씬 융 카 지에 짱 마

식사의 표현

음식의 선호를 말할 때

□ 중국요리를 좋아합니까?

你喜欢吃中国菜吗?
nǐ xǐ huān chī zhōng guó caì ma
니 씨 환 츠 쭝 궈 차이 마

□ 중국요리를 먹어본 적이 있습니까?

你吃过中国菜吗?
nǐ chī guò zhōng guó caì ma
니 츠 꿔 쭝 궈 차이 마

□ 나는 중국요리를 아즈 즐겨먹습니다.

他很喜欢吃中国菜。
tā hěn xǐ huān chī zhōng guó caì
타 헌 씨 환 츠 쭝 궈 차이

□ 요즘은 한식이 유행입니다.

这些天流行起韩食了。
zhè xiē tiān liú xíng qǐ hán shí le
쩌 씨에 티엔 리우 씽 츠 한 스 러

□ 나도 가끔 양식을 먹습니다.

我也偶尔吃西餐。
wǒ yě ǒu ěr chī xī cān
워 예 어우 얼 츠 씨 찬

식당을 찾을 때

□ 이 부근에 레스토랑이 있습니까?

这附近有西餐厅吗?
zhè fù jìn yǒu xī cān tīng ma
쩌 푸 진 여우 씨 찬 팅 마

□ 저녁에는 사천음식점에 가서 먹읍시다.

晚上去川菜馆吃饭。
wǎn shàng qù chuān caì guǎn chī fàn
완 샹 취 추안 차이 꽌 츠 판

247

□ 이 근처에 일식집이 있나요?

这附近有日式餐厅吗?
zhè fù jìn yǒu rì shì cān tīng ma
쩌 푸 진 여우 르 스 찬 팅 마

□ 이 근처에 한식점이 있습니까?

这附近有韩式餐厅吗?
zhè fù jìn yǒu hán shì cān tīng ma
쩌 푸 진 여우 한 스 찬 팅 마

□ 이 근처에는 한식점이 없습니다.

这附近没有韩式餐厅。
zhè fù jìn méi yǒu hán shì cān tīng
쩌 푸 진 메이 여우 한 스 찬 팅

□ 사천음식점은 있습니까?

有川菜馆吗?
yǒu chuān cài guǎn ma
여우 추안 차이 꽌 마

□ 아침을 먹지 않아서 점심때가 되니 배가 고픕니다.

没吃早饭，到中午有点饿。
méi chī zǎo fàn　　dào zhōng wǔ yǒu diǎn è
메이 츠 짜오 판　　따오 쫑 우 여우 디엔 어

□ 배고파 죽겠어. 두 끼나 굶었어.

饿死我了，我已经饿了两顿。
è sǐ wǒ le　　wǒ yǐ jīng è le liǎng dùn
어 쓰 워 러　　워 이 징 어 러 량 뚠

□ 요 며칠 식욕이 없습니다.

这几天一直没胃口。
zhè jǐ tiān yì zhí méi wèi kǒu
쩌 지 티엔 이 즈 메이 웨이 커우

□ 먹고 싶지 않습니다.

不想吃。
bù xiǎng chī
뿌 씨앙 츠

식욕을
말할 때

□ 마음껏 드십시오.

请随便用。
qǐng suí biàn yòng
칭 쑤이 비엔 용

□ 천천히 드십시오.

请慢用。
qǐng màn yòng
칭 만 용

□ 마음껏 드십시오. 드시고 싶은 요리를 말씀하십시오.

请随便，点您喜欢吃的菜。
qǐng suí biàn   diǎn nín xǐ huān chī de cài
칭 쑤이 비엔   디엔 닌 씨 후안 츠 더 차이

□마음껏 드십시오. 맛있는 음식이 많이 준비되어 있습니다.

请随便用，还有很多好吃的。
qǐng suí biàn yòng   hái yǒu hěn duō hǎo chī de
칭 쑤이 비엔 용   하이 여우 헌 뚸 하오 츠 더

□ 좀 더 많이 드십시오.

您再多吃点。
nín zài duō chī diǎn
닌 짜이 뚸 츠 디엔

□ 모자라면 더 드십시오.

不够再吃。
bù gòu zài chī
뿌 꺼우 짜이 츠

□ 더 드십시오.

再来点吧。
zài lái diǎn ba
짜이 라이 디엔 바

□ 사양하지 마시고 더 드십시오.

不用客气，您多吃点。
bú yòng kè qì   nín duō chī diǎn
부 용 커 치   닌 뚸 츠 디엔

식당에서의 표현

식당을 예약할 때

□ 예약을 부탁합니다.

我要预定。
wǒ yào yù dìng
워 야오 위 딩

□ 예약할 수 있나요?

你们那儿可以预定吗？
nǐ mèn nà r kě yǐ yù dìng ma
니 먼 날 커 이 위 딩 마

□ 예약을 부탁합니다. 빈자리가 있습니까?

我要预定，有空席吗？
wǒ yào yù dìng yǒu kōng xí ma
워 야오 위 딩 여우 콩 씨 마

□ 룸으로 예약을 부탁합니다.

我要预定包房。
wǒ yào yù dìng baō fáng
워 야오 위 딩 빠오 팡

□ 창문 쪽 테이블로 부탁합니다.

我要预定靠近窗户的餐桌。
wǒ yào yù dìng kào jìn chuāng hù dè cān zhuō
워 야오 위 딩 카오 진 추앙 후 더 찬 쥐

□ 몇 테이블 예약을 원하십니까?

您要预定几桌？
nín yào yù dìng jǐ zhuō
닌 야오 위 딩 지 쥐

□ 두 테이블 예약하고 싶습니다.

我要预定两桌。
wǒ yào yù dìng liǎng zhuō
워 야오 위 딩 량 쥐

<table>
<tr><td>예약 인원을
말할 때</td><td>

□ 몇 분이세요?

你们一共几位?
nǐ mèn yī gòng jǐ wèi
니 먼 이 꽁 지 웨이

□ 모두 여섯 명입니다.

我们一共六个人。
wǒ mèn yī gòng liù gè rén
워 먼 이 꽁 리우 거 런

</td></tr>
<tr><td>예약 시간을
말할 때</td><td>

□ 몇 시에 오시겠습니까?

请问你们几点到?
qǐng wèn nǐ mèn jǐ diǎn dào
칭 원 니 먼 지 디엔 따오

□ 저녁 여섯 시 반 무렵에 가려고 합니다.

我们晚上六点半左右过去。
wǒ mèn wǎn shàng liù diǎn bàn zuǒ yòu guò qù
워 먼 완 샹 리우 디엔 반 쭤 여우 꿔 취

</td></tr>
<tr><td>예약 기준을
말할 때</td><td>

□ 어떤 기준으로 예약할 겁니까?

您要按什么样的标准预定?
nín yào àn shén mè yàng dè biāo zhǔn yù dìng
닌 야오 안 션 머 양 더 빠오 준 위 딩

□ 1인당 200원 기준으로 하겠습니다.

按每人二百元的标准预定。
àn měi rén èr bǎi yuán dè biāo zhǔn yù dìng
안 메이 런 얼 바이 위엔 더 빠오 준 위 딩

□ 세트메뉴로 예약하겠습니다.

我要预定套餐。
wǒ yào yù dìng tào cān
워 야오 위 딩 타오 찬

</td></tr>
<tr><td>식당에
들어서서</td><td>

□ 어서 오십시오. 예약은 하셨습니까?

欢迎光临, 您预定了吗?
huān yíng guāng lín nín yù dìng le ma
후안 잉 꾸앙 린 니 위 딩 러 마

</td></tr>
</table>

□ 오후에 이미 예약했습니다.

我下午已经预定了。
wǒ xià wǔ yǐ jīng yù dìng le
워 샤우 이 징 위 딩 러

□ 예약을 안 했습니다. 빈 좌석이 있습니까?

我没有预定，有空桌吗？
wǒ méi yǒu yù dìng　yǒu kōng zhuō ma
워 메이 여우 위 딩　여우 쿵 줘 마

□ 있습니다. 이쪽으로 오십시오.

有，请跟我来。
yǒu　qǐng gēn wǒ lái
여우　칭 껀 워 라이

□ 죄송합니다만, 자리가 다 찼습니다.

对不起，已经客满了。
duì bù qǐ　yǐ jīng kè mǎn le
뚜이 부 치　이 징 커 만 러

□ 이 좌석은 어떻습니까?

这个座位怎么样？
zhè gè zuò wèi zěn mè yàng
쩌 거 쭤 웨이 쩐 머 양

□ 여기요. 좌석을 바꾸고 싶은데요.

服务员，我要换位子。
fú wù yuán　wǒ yào huàn wèi zǐ
푸 우 위엔　워 야오 환 웨이 즈

□ 이 좌석은 별로 마음에 들지 않습니다.

我不喜欢这个位子。
wǒ bù xǐ huān zhè gè wèi zǐ
워 뿌 씨 환 쩌 거 웨이 즈

□ 저 좌석으로 바꾸고 싶습니다.

我要换到那个位子。
wǒ yào huàn dào nà gè wèi zǐ
워 야오 후안 따오 나 거 웨이 즈

□ 어디로 바꾸겠습니까?

您要换到哪儿?
nín yào huàn dào nǎ r
닌 야오 환 따오 날

□ 창가 쪽 좌석으로 부탁합니다.

我要靠近窗户的位子。
wǒ yào kào jìn chuāng hù dè wèi zǐ
워 야오 카오 진 추앙 후 더 웨이 즈

□ 룸은 있습니까?

有没有单间?
yǒu méi yǒu dān jiān
여우 메이 여우 딴 지엔

□ 조용한 곳으로 바꾸고 싶습니다.

我要换到安静的地方。
wǒ yào huàn dào ān jìng dè dì fāng
워 야오 후안 따오 안 징 더 디 팡

메뉴를 볼 때

□ 메뉴를 주십시오.

请给我菜单。
qǐng gěi wǒ caì dān
칭 게이 워 차이 딴

□ 메뉴는 여기 있습니다.

菜单在这里, 给您。
caì dān zài zhè lǐ gěi nín
차이 딴 짜이 쩌 리 게이 닌

음식을 주문할 때

□ 손님 주문하시겠습니까?

先生请您点荬。
xiān shēng qǐng nín diǎn caì
씨엔 셩 칭 닌 디엔 차이

□ 주문하고 싶습니다.

我要点菜。
wǒ yào diǎn caì
워 야오 디엔 차이

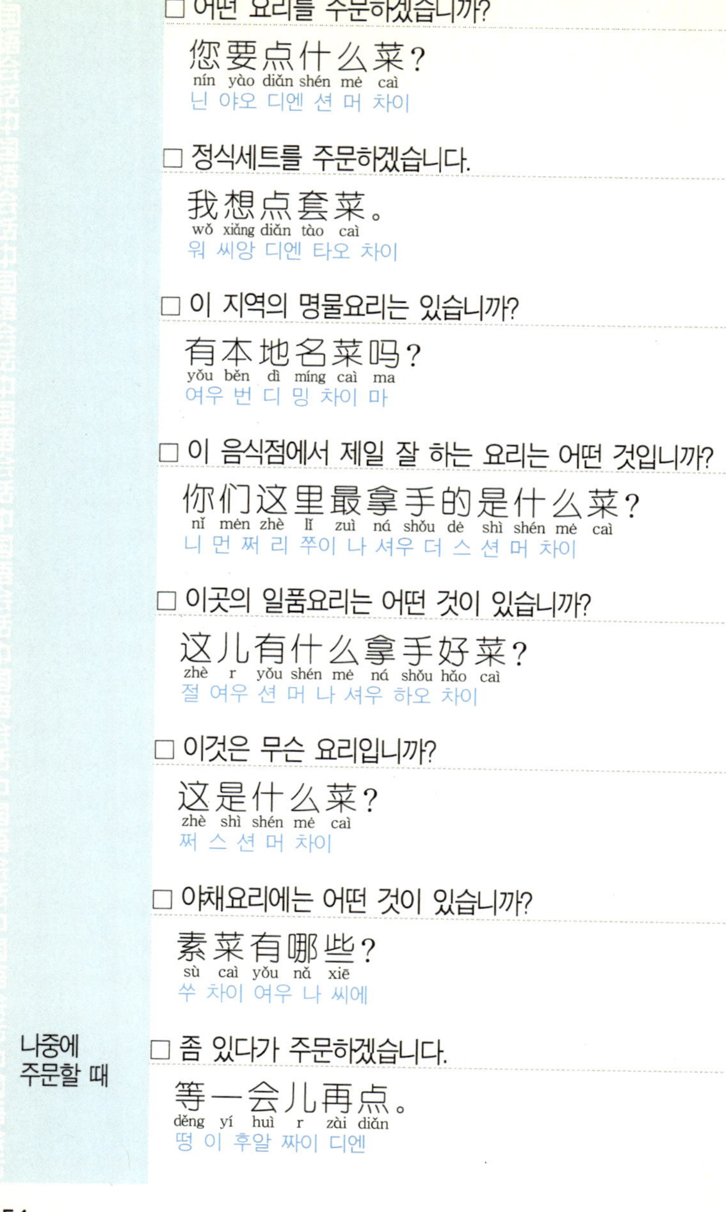

□ 어떤 요리를 주문하겠습니까?

您要点什么菜?
nín yào diǎn shén me cài
닌 야오 디엔 션 머 차이

□ 정식세트를 주문하겠습니다.

我想点套菜。
wǒ xiǎng diǎn tào cài
워 씨앙 디엔 타오 차이

□ 이 지역의 명물요리는 있습니까?

有本地名菜吗?
yǒu běn dì míng cài ma
여우 번 디 밍 차이 마

□ 이 음식점에서 제일 잘 하는 요리는 어떤 것입니까?

你们这里最拿手的是什么菜?
nǐ mèn zhè lǐ zuì ná shǒu de shì shén me cài
니 먼 쩌 리 쭈이 나 셔우 더 스 션 머 차이

□ 이곳의 일품요리는 어떤 것이 있습니까?

这儿有什么拿手好菜?
zhè r yǒu shén me ná shǒu hǎo cài
절 여우 션 머 나 셔우 하오 차이

□ 이것은 무슨 요리입니까?

这是什么菜?
zhè shì shén me cài
쩌 스 션 머 차이

□ 야채요리에는 어떤 것이 있습니까?

素菜有哪些?
sù cài yǒu nǎ xiē
쑤 차이 여우 나 씨에

나중에
주문할 때

□ 좀 있다가 주문하겠습니다.

等一会儿再点。
děng yí huì r zài diǎn
떵 이 후알 짜이 디엔

254

□ 지금 주문하시겠습니까?

您现在就点吗？
nín xiàn zài jiù diǎn ma
닌 씨엔 짜이 지우 디엔 □-

□ 오실 분들이 더 있습니다.

还有人要来。
hái yǒu rén yào lái
하이 여우 런 야오 라이

□ 다 온 다음에 주문하죠.

等都来了再点。
děng dōu lái le zài diǎn
덩 떠우 라이 러 짜이 디엔

□ 뭘 마시겠습니까?

你们喝什么？
nǐ men hē shén me
니 먼 허 션 머

□ 여기에는 어떤 맥주가 있습니까?

这儿有哪些啤酒？
zhè r yǒu nǎ xiē pí jiǔ
쩔 여우 나 씨에 피 지우

□ 백주는 어떤 것이 있습니까?

白酒有哪些？
bái jiǔ yǒu nǎ xiē
바이 지우 여우 나 씨에

□ 맥주 세 병 주세요.

要三瓶啤酒。
yào sān píng pí jiǔ
야오 싼 핑 피 지우

□ 모태주 한 병 주세요.

要一瓶茅台酒。
yào yī píng máo tái jiǔ
야오 이 핑 마오 타이 지우

□ 이 요리는 어떻게 해드릴까요?

这道菜要怎么做呢？
zhè dào cài yào zěn mè zuò ne
쩌 따오 차이 야오 쩐 머 쮜 너

□ 살짝 구워주십시오.

请烤得嫩点。
qǐng kǎo dé nèn diǎn
칭 카오 더 넌 디엔

□ 저는 완전히 구운 것을 좋아합니다.

我喜欢烤得熟一点。
wǒ xǐ huān kǎo dé shú yì diǎn
워 씨 환 카오 더 수 이 디엔

□ 저는 단 것을 좋아합니다. 좀 달게 해주세요.

我喜欢吃甜的，要做得甜点。
wǒ xǐ huān chī tián dè   yào zuò dé tián diǎn
워 씨 환 츠 티엔 더   야오 쮜 더 티엔 디엔

□ 매운 것을 못 먹어요. 고추를 적게 넣어주세요.

我不能吃辣的，少放辣椒。
wǒ bù néng chī là dè   shǎo fàng là jiāo
워 뿌 넝 츠 라 더   샤오 팡 라 쟈오

□ 담백하게 해주세요. 너무 짠 것은 좋아하지 않습니다.

请做得淡一点，我不喜欢太咸的。
qǐng zuò dé dàn yì diǎn   wǒ bù xǐ huān tài xián dè
칭 쮜 더 딴 이 디엔   워 뿌 씨 후안 타이 씨엔 더

□ 손님, 무슨 일이세요?

先生您有什么事？
xiān shēng nín yǒu shén mè shì
씨엔 셩 닌 여우 션 머 스

□ 이것은 우리가 주문한 요리가 아닙니다.

这不是我们点的菜。
zhè bú shì wǒ mèn diǎn dè cài
쩌 부 스 워 먼 디엔 더 차이

□ 잘못 나온 것 같습니다.

你搞错了。
nǐ gǎo cuò le
니 까오 춰 러

□ 죄송합니다. 지금 곧 바꿔드리겠습니다.

对不起，现在就给您换。
duì bù qǐ xiàn zài jiù gěi nín huàn
뚜이 부 치　씨엔 짜이 지우 게이 닌 후안

□ 우리가 주문한 요리는 언제 나옵니까?

我们点的菜什么时候来？
wǒ mén diǎn de cài shén me shí hòu lái
워 먼 디엔 더 차이 션 머 스 허우 라이

□ 주문한 요리를 바꾸고 싶은데요.

我想换我们点的菜。
wǒ xiǎng huàn wǒ mén diǎn de cài
워 씨앙 환 워 먼 디엔 더 차이

□ 아직 요리 한 가지가 나오지 않았습니다.

还有一道菜没上。
hái yǒu yí dào cài méi shàng
하이 여우 이 따오 차이 메이 샹

□ 이것은 냄새가 좀 이상합니다

这个味道有点怪怪的。
zhè gè wèi dào yǒu diǎn guài guài de
쩌 거 웨이 따오 여우 디엔 꽈이 과이 더

□ 이 고기는 덜 익은 것 같습니다.

这肉好象没熟透。
zhè ròu hǎo xiàng méi shú tòu
쩌 러우 하오 씨앙 메이 수 터우

□ 이 소고기는 좀 질깁니다.

这牛肉有点硬。
zhè niú ròu yǒu diǎn yìng
쩌 니우 러우 여우 디엔 깅

□ 이 요리는 아주 맛있습니다.

这道菜很香。
zhè dào cài hěn xiāng
쩌 따오 차이 헌 씨앙

□ 당신이 만든 이 요리는 참 맛있습니다.

你做的这道菜很香。
nǐ zuò de zhè dào cài hěn xiāng
니 쮀 더 쩌 따오 차이 헌 씨앙

□ 보기만 해도 군침이 돕니다.

看着我都流口水了。
kàn zhe wǒ dōu liú kǒu shuǐ le
칸 저 워 떠우 리우 커우 수이 러

□ 냄새를 맡아보세요. 아주 향기롭습니다.

你也闻一下，很香。
nǐ yě wén yí xià　　hěn xiāng
니 예 원 이 씨아　　헌 씨앙

□ 맛이 어떻습니까?

味道怎么样？
wèi dào zěn me yàng
웨이 따오 쩐 머 양

□ 아주 맛있는데요.

非常好吃。
fēi cháng hǎo chī
페이 창 하오 츠

□ 이 음식은 너무 맵군요.

这菜太辣了。
zhè cài tài là le
쩌 차이 타이 라 러

□ 군침이 도는군요.

我流口水了。
wǒ liú kǒu shuǐ le
워 리우 커우 수이 러

□ 싱거워요.

味道淡淡的。
wèi dào dàn dàn de
웨이 따오 딴 딴 더

□ 기름기가 많아요.

这个好肥啊。
zhè gè hǎo féi ā
쩌 거 하오 페이 아

□ 이건 맛이 별로 없군요.

这个不怎么样。
zhè gè bù zěn mé yàng
쩌 거 뿌 쩐 머 양

□ 이건 제 입맛에 안 맞아요.

这个不合我的胃口。
zhè gè bù hé wǒ de wèi kǒu
쩌 거 뿌 허 워 더 웨이 커우

필요한 것을
부탁할 때

□ 접시 하나 주세요.

我要一个碟子。
wǒ yào yī gè dié zǐ
워 야오 이 거 띠에 즈

□ 젓가락을 바꿔주세요.

我要换一双筷子。
wǒ yào huàn yì shuāng kuài zǐ
워 야오 환 이 수앙 콰이 즈

□ 젓가락 하나 더 주세요.

请再拿一双筷子。
qǐng zài ná yī shuāng kuài zǐ
칭 짜이 나 이 수앙 콰이 즈

□ 나이프와 포크를 주세요.

请给我拿刀和叉子。
qǐng gěi wǒ ná dāo hé chā zǐ
칭 게이 워 나 따오 허 차 즈

□ 물 한 컵 가져다줄 수 있나요?

来一杯水可以吗?
lái yī bēi shuǐ kě yǐ ma
라이 이 뻬이 수이 커 이 마

□ 티슈 좀 갖다 주세요.

请给我拿餐巾纸。
qǐng gěi wǒ ná cān jīn zhǐ
칭 게이 워 나 찬 진 즈

□ 여기 남은 요리를 가져가겠습니다.

这里的剩菜我要带走。
zhè lǐ dė shèng caì wǒ yào dài zǒu
쩌 리 더 셩 차이 워 야오 따이 저우

□ 이거 좀 싸주세요.

请给我包一下。
qǐng gěi wǒ baō yí xià
칭 게이 워 빠오 이 쌰

□ 디저트는 무엇으로 하시겠습니까?

饭后吃什么点心?
fàn hòu chī shén mė diǎn xīn
판 허우 츠 션 머 디엔 씬

□ 디저트를 드시죠.

来点点心吧。
lái diǎn diǎn xīn ba
라이 디엔 디엔 씬 바

□ 저는 커피를 마시겠습니다.

我要喝咖啡。
wǒ yào hē kā fēi
워 야오 허 카 페이

□ 아이스크림으로 주세요.

来点冰淇淋。
lái diǎn bīng qí lín
라이 디엔 빙 치 린

□ 어디서 계산합니까?

在哪儿结帐?
zài nǎ r jié zhàng
짜이 날 지에 쌍

□ 여보세요, 계산합시다.

服务员，结帐。
fú wù yuán jié zhàng
푸 우 위엔　지에 쌍

□ 모두 얼마입니까?

一共多少钱?
yí gòng duō shǎo qián
이 꽁 뚸 샤오 치엔

□ 팁은 따로 계산합니까?

另收服务费吗?
lìng shōu fú wù fèi ma
링 셔우 푸 우 페이 마

□ 카드로 계산해도 되겠습니까?

能用信用卡结算吗?
néng yòng xìn yòng kǎ jié suàn ma
넝 융 씬 융 카 지에 쑤안 마

□ 영수증을 떼 주세요.

请给我开发票。
qǐng gěi wǒ kāi fā piào
칭 게이 워 카이 파 퍄오

술을 마실 때　□ 건배!

干杯!
gān bēi
깐 뻬이

□ 자, 모두들 건배합시다.

来，大家一起来干杯。
lái dà jiā yì qǐ lái gān bēi
라이　따 쟈 이 치 라이 깐 뻬이

261

□ 자, 한 잔 합시다.

来，咱俩喝一杯。
lái zán liǎ hē yì bēi
라이 짠 랴 허 이 뻬이

□ 이 교수님, 한 잔 드리겠습니다.

李教授，我来敬您一杯。
lǐ jiào shòu wǒ lái jìng nín yì bēi
리 쟈오 셔우 워 라이 징 닌 이 뻬이

□ 약간 취기가 오릅니다.

有点醉意。
yǒu diǎn zuì yì
여우 디엔 쭈이 이

□ 술을 못 이깁니다.

不胜酒力。
bù shèng jiǔ lì
부 셩 지우 리

□ 우리 장소를 바꾸어 더 마십시다.

我们找别的地方再喝吧。
wǒ mèn zhǎo bié dè dì fāng zài hē ba
워 먼 자오 비에 더 디 팡 짜이 허 바

□ 더 이상 못 마시겠습니다.

我不能再喝了。
wǒ bù néng zài hē le
워 뿌 넝 짜이 허 러

□ 적당히 마십시다.

要少喝点。
yào shǎo hē diǎn
야오 샤오 허 디엔

□ 나는 이제 술을 끊었어. 술은 안 마셔.

我已经戒酒了，不喝酒。
wǒ yǐ jīng jiè jiǔ le bù hē jiǔ
워 이 징 지에 지우 러 뿌 허 지우

PART 10

쇼핑 · 관광에 관한 표현

쇼핑의 기본 표현

물건을 찾을 때

□ 어서 오십시오!

欢迎光临!
huān yíng guāng lín
환 잉 꽝 린

□ 무엇을 찾으십니까?

您想买点什么?
nín xiǎng mǎi diǎn shén me
닌 씨앙 마이 디엔 션 머

□ 뭘 도와드릴까요?

需要帮忙吗?
xū yào bāng máng ma
쉬 야오 빵 망 마

□ 그저 구경을 하고 있습니다.

不买什么，只是看看。
bù mǎi shén me   zhǐ shì kàn kàn
뿌 마이 션 머   즈 스 칸 칸

□ 신발을 사려고 합니다.

我想买一双鞋。
wǒ xiǎng mǎi yì shuāng xié
워 씨앙 마이 이 수앙 씨에

물건을 구입할 때

□ 뭘 사시겠습니까?

您要买点什么?
nín yào mǎi diǎn shén me
닌 야오 마이 디엔 션 머

□ 어떤 것을 원하십니까?

您想要哪个?
nín xiǎng yào nǎ gè
닌 씨앙 야오 나 거

□ 이것으로 하겠습니다.

我要这个。
wǒ yào zhè gè
워 야오 쩌 거

□ 어떤 것을 사시겠습니까?

您决定买哪个牙?
nín jué dìng mǎi nǎ gè yā
닌 쥐에 띵 마이 나 거 야

□ 어떤 것이 좋아요?

您觉得哪个好?
nín jué dè nǎ gè hǎo
닌 쥐에 더 나 거 하오

□ 어떤 것을 사실건지 결정하셨어요?

您要买哪个，决定了吗?
nín yào mǎi nǎ gè   jué dìng le ma
닌 야오 마이 나 거   쥐에 띵 러 마

□ 좀 싸게 주실 수 없어요?

价钱能不能便宜点?
jià qián néng bù néng pián yí diǎn
지아 치엔 넝 부 넝 피엔 이 디엔

□ 조금만 더 싸면 제가 사겠습니다.

再便宜点儿我就买了。
zài pián yí diǎn r wǒ jiù mǎi le
짜이 피엔 이 디알 워 지우 마이 러

□ 좀 깎을 수 없나요?

可以便宜点儿吗?
kě yǐ biàn yí diǎn r ma
커 이 삐엔 이 디알 마

□ 할인이 가능한가요?

可以打折吗?
kě yǐ dǎ zhé ma
커 이 따 저 마

□ 이것은 이미 할인된 가격입니다.

这已经是优惠价了。
zhè yǐ jīng shì yōu huì jià le
쩌 이 징 스 여우 후이 쟈 러

□ 가격이 좀 비싼 것 같습니다.

我觉得价格有点高。
wǒ jué de jià gé yǒu diǎn gāo
워 쥐에 더 쟈 거 여우 디엔 까오

□ 가격은 아주 쌉니다.

价格已经很便宜了。
jià gé yǐ jīng hěn pián yí le
쟈 거 이 징 헌 피엔 이 러

□ 최고 몇 퍼센트 할인이 가능한가요?

最多可以打几折？
zuì duō kě yǐ dǎ jǐ zhé
쭈이 뛰 커 이 따 지 저

□ 여기는 정찰제입니다.

这里不讲价。
zhè lǐ bù jiǎng jià
쩌 리 뿌 지앙 쟈

□ 얼마입니까?

多少钱？
duō shǎo qián
뚸 샤오 치엔

□ 여기서는 얼마에 팝니까?

在这儿卖多少钱？
zài zhè r mài duō shǎo qián
짜이 쩔 마이 뚸 샤오 치엔

□ 가격은 얼마입니까?

价钱是多少？
jià qián shì duō shǎo
쟈 치엔 스 뚸 샤오

□ 얼마를 내야 합니까?

我 得 交 多 少 钱?
wǒ děi jiāo duō shǎo qián
워 데이 쟈오 뛰 샤오 ㅊ엔

□ 선불입니다.

请 先 付 钱。
qǐng xiān fù qián
칭 씨엔 푸 치엔

□ 어디서 계산합니까?

在 哪 儿 付 钱?
zài nǎ   r   fù qián
짜이 날 푸 치엔

□ 여기서 계산합니까?

在 这 儿 付 钱 吗?
zài zhè   r   fù qián ma
짜이 쩔 푸 치엔 마

□ 거스름돈 받으세요.

找 您 钱。
zhǎo nín qián
자오 닌 치엔

□ 신용카드로 계산해도 됩니까?

可 以 用 信 用 卡 付 钱 吗?
kě   yǐ yòng xìn yòng kǎ fù qián ma
커 이 융 씬 융 카 푸 치엔 마

□ 우리는 현금만 받습니다.

我 们 只 收 现 金。
wǒ men zhǐ shōu xiàn jīn
워 먼 즈 셔우 씨엔 진

□ 여행자수표도 받습니까?

可 以 用 旅 行 者 支 票 吗?
kě   yǐ yòng lǚ xíng zhě zhī piào mǎ
커 이 융 리우 씽 저 즈 퍄오 마

□ 다음에 또 오세요!

欢迎再来!
huān yíng zài lái
환 잉 짜이 라이

□ 포장을 해 주시겠어요?

可以给包装吗?
kě yǐ gěi baō zhuāng mǎ
커 이 게이 빠오 주앙 마

□ 이걸 선물용으로 포장해 주시겠어요?

可以给包装成礼品吗?
kě yǐ gěi baō zhuāngchéng lǐ pǐn mǎ
커 이 게이 빠오 주앙 청 리 핀 마

□ 이걸 따로따로 포장해 주세요.

这些分开包装。
zhè xiē fēn kāi baō zhuāng
쩌 씨에 펀 카이 빠오 주앙

□ 배달해 주나요?

可以送货吗?
kě yǐ sòng huò mǎ
커 이 쑹 훠 마

□ 배달에 대한 별도의 요금을 내야 합니까?

送货费要另付吗?
sòng huò fèi yào lìng fù mǎ
쑹 훠 페이 야오 링 푸 마

□ 이것들을 한국으로 보내 주시겠어요?

这些可以送到韩国吗?
zhè xiē kě yǐ sòng dào hán guó mǎ
쩌 씨에 커 이 쑹 따오 한 궈 마

□ 이걸 교환해 주시겠어요?

这个能给换吗?
zhè gè néng gěi huàn mǎ
쩌 거 넝 게이 환 마

□ 다른 걸로 바꿔주실 수 있어요?

能给我换另一件吗?
néng gěi wǒ huàn lìng yī jiàn ma
넝 게이 워 환 링 이 지엔 마

□ 어디에 문제가 있는지 알려주시겠어요?

能告诉我哪儿有毛病吗?
néng gào sù wǒ nǎ r yǒu máo bìng ma
넝 까오 쑤 워 날 여우 마오 삥 마

□ 깨져 있습니다.

这个被弄破了。
zhè gè bèi nòng pò le
쩌 거 뻬이 눙 퍼 러

□ 불량품인 것 같은데요.

这好像是次品。
zhè hǎo xiàng shì cì pǐn
쩌 하오 썅 스 츠 핀

□ 이 옷에는 흠집이 있는데, 다른 것으로 바꿔주세요.

这件衣服有毛病, 请给我换一件。
zhè jiàn yī fú yǒu máo bìng　　qǐng gěi wǒ huàn yí jiàn
쩌 지엔 이 푸 여우 마오 삥　　칭 게이 워 환 이 지엔

□ 품질이 안 좋은데 바꿔주세요.

质量低劣, 请给我更换。
zhì liáng dī liè　　qǐng gěi wǒ gēng huàn
즈 리앙 디 리에　　칭 게이 워 껑 환

□ 정말 미안합니다. 바로 바꿔드릴게요.

真对不起, 我马上给您换一件。
zhēn duì bù qǐ　　wǒ mǎ shàng gěi nín huàn yī jiàn
쩐 뚜이 부 치　　워 마 샹 게이 닌 환 이 지엔

□ 이 스커트를 환불받고 싶은데요.

我想退这条裙子。
wǒ xiǎng tuì zhè tiáo qún zǐ
워 쌍 퉈이 쩌 탸오 췬 즈

물건 구입의 표현

옷가게에서

☐ 입어봐도 될까요?

能试穿吗？
néng shì chuān ma
넝 스 추안 마

☐ 당신이 입으실 겁니까?

是您穿的吗？
shì nín chuān de ma
스 닌 추안 더 마

☐ 어느 분이 입으실 겁니까?

哪位想穿？
nǎ wèi xiǎng chuān
나 웨이 씨앙 추안

☐ 이것이 지금 유행하는 패션입니다.

这是现在流行的时装。
zhè shì xiàn zài liú xíng de shí zhuāng
쩌 스 씨엔 짜이 리우 씽 더 스 주앙

☐ 요즘은 어떤 스타일이 유행이죠?

最近流行什么样式的？
zuì jìn liú xíng shén me yàng shì de
쭈이 진 리우 씽 션 머 양 스 더

☐ 이 옷이 당신한테 정말 잘 어울려요.

你看这件多合你身啊！
nǐ kàn zhè jiàn duō hé nǐ shēn ā
니 칸 쩌 지엔 뚸 허 니 션 아

옷 색상을 고를 때

☐ 이 옷은 너무 화려하네요. 좀 수수한 건 없어요?

这件太艳了，有没有素一点的？
zhè jiàn tài yàn le　yǒu méi yǒu sù yī diǎn de
쩌 지엔 타이 옌 러　여우 메이 여우 쑤 이 디엔 더

□ 당신 보기에는 어떤 색상이 좋습니까?

你认为哪个颜色的好？
nǐ rèn wéi nǎ gè yán sè dè hǎo
니 런 웨이 나 거 옌 써 더 하오

□ 이 옷은 너무 화려한 거 아니에요?

这件衣服是不是很艳？
zhè jiàn yī fú shì bu shì hěn yàn
쩌 지엔 이 푸 스 부 스 헌 옌

□ 제가 보기에는 괜찮아요. 별로 화려하지 않아요.

我看还行，并不怎么艳。
wǒ kàn hái xíng　　bìng bù zěn mè yàn
워 칸 하이 씽　　빙 부 쩐 머 옌

□ 사이즈가 조금 더 큰 것은 없어요?

有没有尺寸再大点儿的。
yǒu méi yǒu chǐ cùn zài dà diǎn r dè
여우 메이 여우 츠 춘 짜이 따 디알 더

□ 더 작은 사이즈는 없어요?

有没有再小一点的尺码？
yǒu méi yǒu zài xiǎo yī diǎn dè chǐ mǎ
여우 메이 여우 짜이 샤오 이 디엔 더 츠 마

□ 이 옷은 저한테 맞지 않는 것 같아요.

这件衣服不适合我。
zhè jiàn yī fú bú shì hé wǒ
쩌 지엔 이 푸 부 스 허 워

□ 당신은 어떤 치수를 원하십니까?

您要什么尺码的？
nín yào shén mè chǐ mǎ dè
닌 야오 션 머 츠 마 더

□ 그 옷은 입으면 너무 헐렁합니다.

那件衣服穿起来太肥了。
nà jiàn yī fú chuān qǐ lái tài féi le
나 지엔 이 푸 추안 치 라이 타이 페이 러

271

□ 제가 입으면 너무 커 보이지 않나요?

我穿着是不是看起来很大。
wǒ chuān zhe shì bu shì kàn qǐ lái hěn dà
워 추안 저 스 부 스 칸 치 라이 헌 따

□ 이 소재는 무엇입니까?

这是用什么料做的?
zhè shì yòng shén mè liào zuò de
쩌 스 융 션 머 랴오 쭤 더

□ 다른 디자인은 있습니까?

有没有别的设计?
yǒu méi yǒu bié de shè jì
여우 메이 여우 비에 더 써 지

□ 이 부근에 과일가게가 있습니까?

这附近有水果店吗?
zhè fù jìn yǒu shuǐ guǒ diàn ma
쩌 푸 진 여우 수이 꿔 디엔 마

□ 저 시장에서 담배를 팝니까?

那个市场里卖香烟吗?
nà gè shì chǎng lǐ mài xiāng yān ma
나 거 스 창 리 마이 씨앙 옌 마

□ 이 부근에 일용품 가게가 있습니까?

这附近有日用品商店吗?
zhè fù jìn yǒu rì yòng pǐn shāng diàn ma
쩌 푸 진 여우 르 융 핀 샹 디엔 마

□ 제 아내한테 줄 선물로 무엇이 좋을까요?

什么礼品适合送我妻子呢?
shén mè lǐ pǐn shì hé sòng wǒ qī zǐ ní
션 머 리 핀 쓰 허 쑹 워 치 즈 너

□ 고르는 데 도움을 주시겠습니까?

你能帮我挑一下吗?
nǐ néng bāng wǒ tiāo yī xià ma
니 넝 빵 워 탸오 이 쌰 마

□ 의류매장은 어디입니까?

服装部在哪儿?
fú zhuāng bù zài nǎ r
푸 주앙 뿌 짜이 날

□ 화장품 코너는 어디에 있습니까?

化装品柜台在哪里?
huà zhuāng pǐn guì tái zài nǎ lǐ
화 주앙 핀 꾸이 타이 짜이 나 리

□ 보석 매장은 어디죠?

哪儿有宝石店?
nǎ r yǒu bǎo shí diàn
날 여우 빠오 스 띠엔

□ 이건 진짜입니까, 모조품입니까?

这是真品还是赝品?
zhè shì zhēn pǐn hái shì yàn pǐn
쩌 스 쩐 핀 하이 스 옌 핀

□ 보증서는 있습니까?

有保证书吗?
yǒu bǎo zhèng shū má
여우 빠오 정 쑤 마

□ 문방구 매장을 찾습니다.

我找文具柜台。
wǒ zhǎo wén jù guì tái
워 자오 원 쥐 꾸이 타이

□ 서적코너는 몇 층에 있습니까?

图书柜台在几楼?
tú shū guì tái zài jǐ lóu
투 수 꾸이 타이 짜이 지 러우

□ 에스컬레이터는 저기 있습니다.

电动扶梯在那边儿。
diàn dòng fú tī zài nà biār r
디엔 뚱 푸 티 짜이 나 비알

관광의 표현

관광지를
소개받을 때

□ 북경에는 많은 명승고적들이 있습니다.

北京有很多名胜古迹。
běi jīng yǒu hěn duō míng shèng gǔ jì
베이 징 여우 헌 뚸 밍 셩 꾸 지

□ 소개해주십시오.

能不能介绍一下?
néng bú néng jiè shào yī xià
넝 부 넝 지에 샤오 이 쌰

□ 여기에는 어떤 명승지들이 있습니까?

这里都有什么名胜?
zhè lǐ dōu yǒu shén mè míng shèng
쩌 리 떠우 여우 션 머 밍 셩

□ 의화원은 하나의 관광명소입니다.

颐和园是一个观光名胜。
yí hé yuán shì yī gè guān guāng míng shèng
이 허 위엔 스 이 거 꽌 꽝 밍 셩

□ 항주는 화동의 여행지로 꼽힙니다.

杭州是华东的旅游胜地。
háng zhōu shì huá dōng dé lǚ yóu shèng dì
항 저우 스 화 뚱 더 리우 여우 셩 띠

□ 고궁은 관광을 해볼만한 곳입니다.

故宫是一个值得观光的地方。
gù gōng shì yī gè zhí dé guān guāng dè dì fāng
꾸 꿍 스 이 거 즈 더 꽌 꽝 더 디 팡

□ 설명 좀 부탁드립니다.

请介绍一下。
qǐng jiè shào yí xià
칭 지에 샤오 이 쌰

□ 북경에는 어떤 명승지들이 있습니까?

请问北京都有哪些名胜？
qǐng wèn běi jīng dōu yǒu nǎ xiē míng shèng
칭 원 베이 징 떠우 여우 나 씨에 밍 셩

□ 설명해주실 수 없습니까?

能不能说明一下？
néng bù néng shuō míng yī xià
넝 부 넝 쉬 밍 이 쌰

□ 저에게 설명해주실 수 있습니까?

帮我介绍一下好吗？
bāng wǒ jiè shào yī xià hǎo ma
빵 워 지에 샤오 이 쌰 하오 마

□ 다른 게 더 있습니까?

还有别的吗？
hái yǒu bié de ma
하이 여우 비에 더 마

□ 어느 지역에 위치하고 있습니까?

位于哪个地方？
wèi yú nǎ gè dì fāng
웨이 위 나 거 띠 팡

□ 언제 것입니까?

什么时候的？
shén me shí hòu de
션 머 스 허우 더

□ 이 작품은 어느 시기의 것입니까?

这件作品是什么时候的？
zhè jiàn zuò pǐn shì shén me shí hòu de
쩌 지엔 쭤 핀 스 션 머 스 허우 더

□ 이 건물은 어느 시대의 것입니까?

这座建筑物是哪个年代的？
zhè zuò jiàn zhù wù shì nǎ gè nián dài de
쩌 쭤 지엔 주 우 스 나 거 니엔 따이 더

□ 이 도자기는 어느 시대의 것입니까?

这个瓷器是什么朝代的？
zhè gè cí qì shì shén mè zhāo dài dè
쩌 거 츠 치 스 션 머 자오 따이 더

□ 이 작품은 어느 시기의 것입니까?

这个作品是什么时期的？
zhè gè zuò pǐn shì shén mè shí qī dè
쩌 거 쭤 핀 스 션 머 스 치 더

□ 이 풍속은 어느 지방의 것입니까?

这个风俗是什么地方的？
zhè gè fēng sú shì shén mè dì fāng dè
쩌 거 펑 쑤 스 션 머 디 팡 더

□ 만리장성의 전체 길이는 얼마입니까?

万里长城的全长是多少？
wàn lǐ cháng chéng dè quán cháng shì duō shǎo
완 리 창 청 더 취엔 창 스 뚸 샤오

□ 상해부터 인천까지의 거리는 어떻게 됩니까?

上海到仁川的距离有多远？
shàng hǎi dào rén chuān dè jù lí yǒu duō yuǎn
샹 하이 따오 런 추안 더 쥐 리 여우 뚸 위엔

□ 만리장성은 정말 웅장합니다.

万里长城真雄伟啊。
wàn lǐ cháng chéng zhēn xióng wěi ā
완 리 창 청 쩐 씨옹 웨이 아

□ 계림은 참으로 아름답습니다.

桂林真是太漂亮了。
guì lín zhēn shì tài piāo liàng le
꾸이 린 쩐 스 타이 퍄오 량 러

□ 장강삼협은 정말 장관입니다!

长江三峡多么壮观啊！
cháng jiāng sān xiá duō mè zhuàng guān ā
창 지앙 싼 쌰 뚸 머 쭈앙 꽌 아

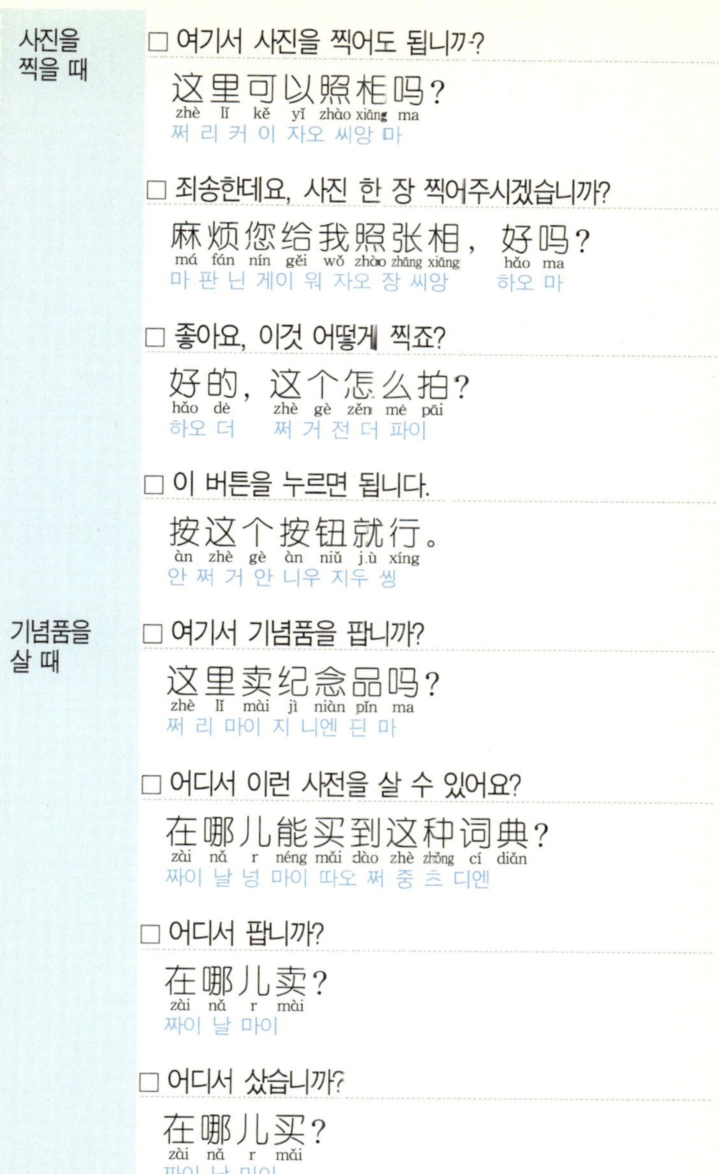

사진을
찍을 때

□ 여기서 사진을 찍어도 됩니까?

这里可以照相吗?
zhè lǐ kě yǐ zhào xiāng ma
쩌 리 커 이 자오 씨앙 마

□ 죄송한데요, 사진 한 장 찍어주시겠습니까?

麻烦您给我照张相，好吗?
má fán nín gěi wǒ zhào zhāng xiāng hǎo ma
마 판 닌 게이 워 자오 장 씨앙   하오 마

□ 좋아요, 이것 어떻게 찍죠?

好的，这个怎么拍?
hǎo dè zhè gè zěn mè pāi
하오 더   쩌 거 전 더 파이

□ 이 버튼을 누르면 됩니다.

按这个按钮就行。
àn zhè gè àn niǔ jiù xíng
안 쩌 거 안 니우 지우 씽

기념품을
살 때

□ 여기서 기념품을 팝니까?

这里卖纪念品吗?
zhè lǐ mài jì niàn pǐn ma
쩌 리 마이 지 니엔 딘 마

□ 어디서 이런 사전을 살 수 있어요?

在哪儿能买到这种词典?
zài nǎ r néng mǎi dào zhè zhǒng cí diǎn
짜이 날 넝 마이 따오 쩌 중 츠 디엔

□ 어디서 팝니까?

在哪儿卖?
zài nǎ r mài
짜이 날 마이

□ 어디서 샀습니까?

在哪儿买?
zài nǎ r mǎi
짜이 날 마이

기내에서의 표현

기내 좌석을
찾을 때

□ 제 좌석은 어디에 있나요?

请问我的座位在哪里?
qǐng wèn wǒ de zuò wèi zài nǎ lǐ
칭 원 워 더 쭤 웨이 짜이 나 리

□ 제 좌석을 찾아주시겠어요?

能帮我找座位吗?
néng bāng wǒ zhǎo zuò wèi má
넝 빵 워 자오 쭤 웨이 마

□ 제 좌석까지 안내해주실 수 없습니까?

能不能领我到我的座位上。
néng bù néng lǐng wǒ dào wǒ de zuò wèi shàng
넝 부 넝 링 워 따오 워 더 쭤 웨이 상

□ 이것은 제 탑승권입니다.

这是我的登机牌。
zhè shì wǒ de dēng jī pái
쩌 스 워 더 떵 지 파이

□ 금연석으로 바꿔주세요.

我要换到禁烟席。
wǒ yào huàn dào jìn yān xí
워 야오 환 따오 찐 옌 씨

□ 좌석을 바꿀 수 있겠습니까?

能不能换座位?
néng bù néng huàn zuò wèi
넝 부 넝 환 쭤 웨이

□ 좌석을 바꿔 앉아도 됩니까?

可不可以换座位?
kě bù kě yǐ huàn zuò wèi
커 부 커 이 환 쭤 웨이

□ 커피를 마시겠습니다.

我要喝咖啡。
wǒ yào hē kā fēi
워 야오 허 카 페이

□ 여보세요!

请问！
qǐng wèn
칭 원

□ 콜라 한 잔 주세요.

请给我一杯可乐。
qǐng gěi wǒ yì bēi kě lè
칭 게이 워 이 뻬이 커 러

□ 저는 맥주를 마시겠습니다.

我想要啤酒
wǒ xiǎng yào pí jiǔ
워 씨앙 야오 피 지우

□ 저는 주스를 마시겠습니다.

我要果汁。
wǒ yào guǒ zhī
워 야오 꿔 즈

□ 마시지 않겠습니다. 감사합니다.

我不喝，谢谢。
wǒ bù hē   xiè xie
워 뿌 허   씨에 시에

□ 어떤 주스를 드릴까요?

您要什么果汁?
nín yào shén me guǒ zhī
닌 야오 션 머 꿔 즈

□ 사과주스로 주세요.

我要苹果汁。
wǒ yào píng guǒ zhī
워 야오 핑 꿔 즈

□ 한국어 신문은 있습니까?

有没有韩文报纸?
yǒu méi yǒu hán wén bào zhǐ
여우 메이 여우 한 원 빠오 즈

□ 화장실은 어디에 있습니까?

洗手间在哪儿?
xǐ shǒu jiān zài nǎ r
씨 셔우 지엔 짜이 날

□ 담요 한 장 주세요.

请给我一块毛毯。
qǐng gěi wǒ yī kuài máo tǎn
칭 게이 워 이 콰이 마오 탄

□ 한국어를 아는 스튜어디스가 있습니까?

有没有会韩国语的小姐?
yǒu méi yǒu huì hán guó yǔ de xiǎo jiě
여우 메이 여우 후이 한 꿔 위 더 샤오 지에

□ 몸이 좀 불편합니다.

我有点不舒服。
wǒ yǒu diǎn bù shū fú
워 여우 디엔 뿌 수 푸

□ 어디가 아프세요?

您哪儿不舒服?
nín nǎ r bù shū fú
닌 날 뿌 수 푸

□ 머리가 아픕니다. 약이 있습니까?

我头疼, 有药吗?
wǒ tóu téng yǒu yào ma
워 터우 텅   여우 야오 마

□ 멀미가 납니다. 약이 있습니까?

我晕机, 有药吗?
wǒ yūn jī yǒu yào ma
워 윈 지   여우 야오 마

□ 머리가 좀 아픕니다.

我头有点疼。
wǒ tóu yǒu diǎn téng
워 터우 여우 디엔 텅

□ 토할 것 같습니다. 위생봉투를 주세요.

我想吐，能给清洁袋吗？
wǒ xiǎng tǔ　néng gěi qīng jié dài ma
워 씨앙 투　넝 게이 칭 지에 다이 마

□ 승객들 중에 의사가 있습니까?

飞机乘客中有没有医生？
fēi jī chéng kè zhōng yǒu méi yǒu yī shēng
페이 지 청 커 중 여우 메이 여우 이 성

□ 비행기는 몇 시에 도착합니까?

飞机几点到达？
fēi jī jǐ diǎn dào dá
페이 지 지 디엔 따오 다

□ 몇 시간 비행해야 합니까?

飞机要飞多长时间？
fēi jī yào fēi duō cháng shí jiān
페이 지 야오 페이 뚸 창 스 지엔

□ 북경의 날씨는 어떻습니까?

北京的天气怎么样？
běi jīng de tiān qì zěn me yàng
베이 징 더 티엔 치 쩐 머 양

□ 목적지까지 아직 얼마나 남았습니까?

离目的地还有多长时间？
lí mù di dì hái yǒu duō cháng shí jiān
리 무 디 띠 하이 여우 뚸 창 스 지엔

□ 입국신고카드 한 장 주세요.

请给我一张入境登记卡。
qǐng gěi wǒ yī zhāng rù jìng dēng jì kǎ
칭 게이 워 이 짱 루 징 떵 지 카

입국의 표현

입국심사

□ 여권을 보여주십시오.

请出示您的护照。
qǐng chū shì nín de hù zhào
칭 추 스 닌 더 후 자오

□ 증명서를 보여주십시오.

请出示您的证件。
qǐng chū shì nín de zhèng jiàn
칭 추 스 닌 더 쩡 지엔

□ 신분증을 보여주시겠습니까?

能给我看一下您的身份证吗?
néng gěi wǒ kàn yī xià nín de shēn fèn zhèng ma
넝 게이 워 칸 이 쌰 닌 더 션 펀 쩡 마

□ 입국신고서를 기입해주세요.

请填入境登记卡。
qǐng tián rù jìng dēng jì kǎ
칭 티엔 루 징 떵 지 카

짐을 찾을 때

□ 짐은 어디서 찾습니까?

在哪儿取行李?
zài nǎ r qǔ xíng lǐ
짜이 날 취 씽 리

□ 앞으로 곧장 가시면 됩니다.

往前一直走就是。
wǎng qián yī zhí zǒu jiù shì
왕 치엔 이 즈 쩌우 지우 스

□ 예, 그곳으로 가면 찾을 수 있을 거예요.

对, 你会找到的。
duì nǐ huì zhǎo dào de
뚜이 니 후이 자오 따오 더

□ 제 짐이 어디에 있는지 확인해주세요.

帮我确认一下我的行李在哪儿。
bāng wǒ què rèn yí xià wǒ de xíng lǐ zài nǎ r
빵 워 취에 런 이 쌰 워 더 씽 리 짜이 날

□ 제 짐이 도착했는지를 봐주세요.

帮我看一下我的行李到没到。
bāng wǒ kàn yí xià wǒ de xíng lǐ dào méi dào
빵 워 칸 이 쌰 워 더 씽 리 따오 메이 따오

□ 당신 것이라고 확신할 수 있습니까?

你确信是你的吗?
nǐ què xìn shì nǐ de ma
니 취에 씬 스 니 더 다

□ 신고할 물품이 있습니까?

您有要申报的物品吗?
nín yǒu yào shēn bào de wù pǐn mǎ
닌 여우 야오 션 빠오 더 우 핀 마

□ 이 물건들은 신고하려는 것입니까?

这些是您要申报的物品吗?
zhè xiē shì nín yào shēn bào de wù pǐn mǎ
쩌 씨에 스 닌 야오 션 빠오 더 우 핀 마

□ 더 신고하실 것은 없습니까?

还有要申报的吗?
hái yǒu yào shēn bào de mǎ
하이 여우 야오 션 빠오 더 마

□ 신고해야 합니까?

需要申报吗?
xū yào shēn bào ma
쉬 야오 션 빠오 마

□ 특별한 것은 없습니다.

没什么特别的。
méi shén me tè bié de
메이 션 머 터 삐어 더

□ 이런 물품도 신고해야 합니까?

这种物品也需要申报吗？
zhè zhǒng wù pǐn yě xū yào shēn bào ma
쩌 중 우 핀 예 쉬 야오 션 빠오 마

□ 가방을 열어 주세요.

请打开这个包。
qǐng dǎ kāi zhè gè baō
칭 따 카이 쩌 거 빠오

□ 이 안에는 뭐가 들었죠?

这里有什么东西？
zhè lǐ yǒu shén mè dōng xī
쩌 리 여우 션 머 뚱 씨

□ 짐을 펼쳐주시겠어요?

请把行李打开给我看看。
qǐng bǎ xíng lǐ dǎ kāi gěi wǒ kàn kàn
칭 바 씽 리 따 카이 게이 워 칸 칸

환전을 할 때 □ 어디서 외화를 환전할 수 있나요?

在哪儿可以兑换外汇？
zài nǎ r kě yǐ duì huàn wài huì
짜이 날 커 이 뚜이 환 와이 후이

□ 수표를 현금으로 바꾸고 싶습니다.

我想把支票兑成现金。
wǒ xiǎng bǎ zhī piào duì chéng xiàn jīn
워 씨앙 바 즈 퍄오 뚜이 청 씨엔 진

□ 이것은 현재 환율표입니다.

这是目前的兑换换算表。
zhè shì mù qián dè duì huàn huàn suàn biǎo
쩌 스 무 치엔 더 뚜이 환 환 쑤안 빠오

□ 인민폐를 달러로 환전하고 싶습니다.

我想把人民币换成美元。
wǒ xiǎng bǎ rén mín bì huàn chéng měi yuán
워 씨앙 바 런 민 삐 후안 청 메이 위엔

귀국의 표현

비행기표를 예약할 때

□ 비행기표를 한 장 사고 싶은데요.

我想买一张机票。
wǒ xiǎng mǎi yī zhāng jī piào
워 씨앙 마이 이 장 지 퍄오

□ 한국행 비행기표는 있나요?

有没有到韩国的班机？
yǒu méi yǒu dào hán guó de bān jī
여우 메이 여우 따오 한 꿔 더 빤 지

□ 비행기표를 예약하고 싶은데요.

我想订机票。
wǒ xiǎng dìng jī piào
워 씨앙 띵 지 퍄오

□ 공항세는 어디서 삽니까?

请问，在哪儿买机场建设费？
qǐng wèn zài nǎ r mǎi jī chǎng jiàn shè fèi
칭 원 짜이 날 마이 지 창 지엔 셔 페이

탑승수속을 할 때

□ 어디에서 수속을 합니까?

请问，在哪儿办手续？
qǐng wèn zài nǎ r bàn shǒu xù
칭 원 짜이 날 빤 셔우 쉬

□ 짐은 어디서 보냅니까?

请问，行李在哪儿寄？
qǐng wèn xíng lǐ zài nǎ r jì
칭 원 씽 리 짜이 날 지

□ 언제부터 탑승합니까?

什么时候开始登机？
shén me shí hòu kāi shǐ dēng jī
션 머 스 허우 카오 스 떵 지

□ 탑승권을 보여 주세요.

请给我看一下您的机票。
qǐng gěi wǒ kàn yī xià nín de jī piào
칭 게이 워 칸 이 쌰 닌 더 지 퍄오

□ 여기서 체크인할 수 있습니까?

在哪里检票？
zài nǎ lǐ jiǎn piào
짜이 나 리 지엔 퍄오

□ 짐의 초과요금은 얼마입니까?

行李的超重费用是多少？
xíng lǐ de chāo zhòng fèi yòng shì duō shǎo
씽 리 더 차오 쭝 페이 융 스 뛰 샤오

□ 이것은 기내에 가지고 들어갈 수 있습니까?

这个能带进机舱里吗？
zhè gè néng dài jìn jī cāng lǐ mà
쩌 거 넝 따이 찐 지 창 리 마

□ 탑승구는 어디에 있습니까?

登机口在哪儿？
dēng jī kǒu zài nǎ r
떵 지 커우 짜이 날

□ 정시에 이륙합니까?

准时起飞吗？
zhǔn shí qǐ fēi mà
주안 스 치 페이 마

□ 실례합니다만, 면세점이 어디에 있죠?

请问，免税店在哪儿？
qǐng wèn   miǎn shuì diàn zài nǎ r
칭 원   미엔 수이 디엔 짜이 날

□ 면세점이 3층에 있습니다.

免税店在三楼。
miǎn shuì diàn zài sān lóu
미엔 수이 디엔 짜이 싼 러우

생활 속의 중국어회화

초판 1쇄 발행 2006년 3월 30일
초판 7쇄 발행 2011년 10월 20일

지은이 김중기
펴낸이 배태수 ___펴낸곳 신라출판사
등   록 1975년 5월 23일 제6-0216호
전   화 02)922-4735 ___팩 스 02)922-4736
주   소 동대문구 제기동 1157-3 옹진빌딩

ISBN 89-7244-014-0 13720
*잘못된 책은 구입한 곳에서 바꾸어 드립니다.